Büchner | Woyzeck

Lektüreschlüssel XL

für Schülerinnen und Schüler

Georg Büchner

Woyzeck

Von Heike Wirthwein

Reclam

Dieser Lektüreschlüssel bezieht sich auf folgende Textausgabe:
Georg Büchner: *Woyzeck*. Hrsg. von Heike Wirthwein. Stuttgart: Reclam, 2017 [u. ö.] (Reclam XL. Text und Kontext, Nr. 19018).
Diese Ausgabe des Werktextes ist seiten- und zeilengleich mit der in Reclams Universal-Bibliothek Nr. 18420.

E-Book-Ausgaben finden Sie auf unserer Website
unter www.reclam.de/e-book

Lektüreschlüssel XL | Nr. 15458
2018 Philipp Reclam jun. GmbH & Co. KG,
Siemensstraße 32, 71254 Ditzingen
Druck und Bindung: Canon Deutschland Business Services GmbH,
Siemensstraße 32, 71254 Ditzingen
Printed in Germany 2018
RECLAM ist eine eingetragene Marke
der Philipp Reclam jun. GmbH & Co. KG, Stuttgart
ISBN 978-3-15-015458-8

Auch als E-Book erhältlich

www.reclam.de

Inhalt

Inhalt

1. Schnelleinstieg

Autor	Georg Büchner, geboren am 17. Oktober 1813 in Goddelau bei Darmstadt, gestorben am 19. Februar 1837 in Zürich • Schriftsteller, Mediziner und Naturwissenschaftler • Revolutionär, 1835 Flucht nach Straßburg
Entstehungszeit	Sommer und Herbst 1836 in Straßburg und Zürich. Das Drama *Woyzeck* wird nicht vollendet, Büchner hinterlässt Fragmente, die in vier Handschriften vorliegen.
Ort und Zeit der Handlung	Orte und Zeit der Handlung werden nicht näher bezeichnet; aufgrund der dialektalen Sprache kann das Großherzogtum Hessen zur Zeit des Vormärz rekonstruiert werden. • Ort: unterschiedliche Orte in der Stadt, auf dem Feld • Dauer: etwas mehr als zwei Tage
Epoche	Vormärz
Gattung	Soziales Drama
Aufbau	Handlung: finale, auf die Katastrophe zusteuernde Handlungsabfolge, aber keine geschlossene Dramenform

»Man versuche es einmal und senke sich in das Leben des Geringsten und gebe es wieder, in den Zuckungen, den Andeutungen, dem ganzen feinen, kaum bemerkten Minenspiel«.[1] Diese Worte legt Georg Büchner dem Protagonisten seiner Erzählung *Lenz* in den Mund und formuliert damit zugleich sein eigenes Kunstprogramm, das er auch in seinem Dramenfragment *Woyzeck*, seinem letzten, nicht mehr fertiggestellten Werk, umzusetzen sucht.

Franz Woyzeck

Im Zentrum dieses Dramenfragments steht der Soldat Franz Woyzeck, der zum Mörder an seiner Geliebten Marie wird. Dieser Woyzeck zählt in jeder Hinsicht und in einem ganz umfassenden Sinn zu den »Geringsten«: Als Soldat erhält er nur sehr geringen Sold. Er hat eine Beziehung zu Marie, mit der er ein uneheliches Kind hat. Um Marie und das Kind zu unterstützen, verdingt sich Woyzeck neben seinem Soldatendienst als Laufbursche für seinen Hauptmann und nimmt weitere Gelegenheitsarbeiten an. Unter anderem unterzieht er sich gegen Geld Ernährungsexperimenten, die seine Gesundheit beeinträchtigen. Trotz anstrengendster Arbeit kann er für sich, Marie und das Kind nur notdürftig sorgen.

Woyzeck gehört auch hinsichtlich seiner persönlichen Möglichkeiten zu den »Geringsten«. Über formale Bildung verfügt er nicht. Die Bedingungen, unter denen er lebt, nimmt er wahr, begreifen oder gar gestalten kann er sie nicht. Er ist den Verhältnissen

1 Georg Büchner, *Lenz*, Studienausgabe, hrsg. von Ariane Martin, Stuttgart 2017, S. 18.

ausgeliefert und empfindet das auch. Mehrere Szenen zeigen Woyzeck gehetzt und aufgebracht, in Selbstgesprächen und mit sich steigernden Wahnvorstellungen (Verfolgungswahn). Als Woyzeck erfährt, dass Marie ihn mit dem Tambourmajor betrügt, und er von diesem gedemütigt wird, bringt er Marie um. Obgleich Eifersucht eine Rolle spielt, ist *Woyzeck* viel mehr als ein Eifersuchtsdrama. Ursächlich für den Mord ist das Motivgeflecht aus Armut, ungesicherten Lebensverhältnissen und Gewalt.

Zeitgenössische Mordfälle

Büchner wurde zum Drama *Woyzeck* u.a. durch mehrere zeitgenössische Mordprozesse angeregt, die in der Entstehungszeit des Dramas öffentlich intensiv diskutiert wurden. Neben dem Fall des historischen Johann Christian Woyzeck aus Leipzig sind dies die Fälle von Daniel Schmolling aus Berlin und Johann Dieß aus Darmstadt. Woyzeck, Schmolling und Dieß begingen Morde an ihren Geliebten und wurden dafür verurteilt. Johann Christian Woyzeck, dessen Fall für Büchner am wichtigsten war, wurde 1824 in Leipzig öffentlich hingerichtet. In den Prozessen wurde jeweils die Frage nach der Zurechnungsfähigkeit des Täters gestellt. Es wurden Gutachten über den Geisteszustand der Täter erstellt und auch veröffentlicht. Büchner kannte diese Gutachten. Mit seinem Dramenfragment *Woyzeck* nimmt er gewissermaßen literarisch Stellung zu der öffentlich geführten Diskussion. Er kommt dabei allerdings zu einem anderen Ergebnis als die Gutachter in den realen Mordfällen. In seinem Drama übt Büchner massive Kritik an den Urteilskriterien und Schlussfolgerungen seiner Zeitgenossen. Büchners *Woyzeck* ist damit auch Dokument einer Debatte, die bis heute in der Diskussion um gerichtspsychiatrische Gutachten eine brisante Rolle spielt.

Veröffentlichungen und Rezeption

Georg Büchner kann sein Drama *Woyzeck* nicht mehr vollenden. Als er 1837 im Alter von nur 23 Jahren in Zürich stirbt, hinterlässt er lediglich schwer lesbare handschriftliche Entwürfe, die erstmals 1880 in einer ersten kritischen Gesamtausgabe unter dem Titel *Wozzeck* veröffentlicht wurden. Der Herausgeber dieser Gesamtausgabe, der Schriftsteller und Publizist Karl Emil Franzos, brachte die Szenen in eine ihm logisch erscheinende Reihenfolge, die aber im 20. Jahrhundert keinen Bestand hatte. Der von ihm gewählte Titel resultierte mutmaßlich aus einem Lesefehler. Auch griff Franzos in den Text ein und fügte eigene Passagen hinzu.[2] Die Wirkung der Veröffentlichung war gleichwohl immens. Insbesondere die Naturalisten, etwa Gerhart Hauptmann[3] oder Frank Wedekind[4], setzten sich intensiv mit Büchner und

2 Paul Landau korrigierte 1909 die von Emil Franzos festgelegte Reihenfolge. Franzos' Eingriffe in den Text wurden 1920 von Georg Witkowski aufgedeckt. Die Zitiergrundlage dieses Lektüreschlüssels beruht auf der 1999 bei Reclam erschienenen und von Burghard Dedner herausgegebenen Studienausgabe (vgl. in dieser Ausgabe hierzu ausführlich S. 41).

3 Gerhart Hauptmann (1862–1946), deutscher Schriftsteller und Dramatiker, erhielt 1912 den Literaturnobelpreis.

4 Frank Wedekind (1864–1918), deutscher Schriftsteller, Dramatiker, Schauspieler. Er gehörte zu den meistgespielten Dramatikern seiner Epoche.

seinem *Woyzeck* auseinander. Die Uraufführung des *Woyzeck* fand 1913 in München statt. Ihr folgten weitere Inszenierungen an unterschiedlichen Bühnen. In der Zeit der Weimarer Republik gehörte *Woyzeck* zu den viel gespielten Stücken, allein im Jahr 1925 gab es zehn Neuinszenierungen. Auch die Uraufführung der Oper *Wozzeck* von Alban Berg fand in diesem Jahr statt. Unter den Nationalsozialisten spielte Büchners *Woyzeck* auf den deutschen Bühnen keine bedeutende Rolle. Das Stück war allerdings nicht verboten. Nach 1945 wurde *Woyzeck* erneut intensiv rezipiert und auch wieder häufig gespielt. Er gehört bis heute zum Standardrepertoire deutschsprachiger Bühnen und zum Literaturkanon der gymnasialen Oberstufe.

2. Inhaltsangabe

Zur Orientierung über den Inhalt des Dramas wird die Handlungsabfolge im Stück systematisch in den vier großen, auch zeitlich geordneten Szenenblöcken wiedergegeben. Einer Übersicht zum jeweiligen Szenenblock folgt die Inhaltsangabe der Einzelszenen. Aufgrund des Fragmentstatus des Dramas gibt es keine von Georg Büchner selbst fixierte Anordnung der Szenen. Die nachstehende Handlungsabfolge hat der Büchner-Experte Burghard Dedner 1999 aus verschiedenen überlieferten Handschriften des Autors rekonstruiert (vgl. Kap. 4, S. 4).

Abend: Szenen 1–3

Die drei ersten Szenen zeigen Woyzeck und die ihm vertrauten Menschen, Andres und Marie (Szenen 1 und 2). In Szene 3 ist Woyzeck mit Marie auf dem Jahrmarkt. Die Szenen spielen vermutlich an einem Abend. Szene 3 initiiert insofern die Handlung, als Marie sich hier erstmals dem Tambourmajor annähert, nachdem sie ihn in Szene 2 beobachtet hat.

Szene 1: Woyzeck und Andres schneiden vor der Stadt Stöcke. Ob diese Tätigkeit zu ihrem militärischen Dienst gehört oder eine der weiteren Tätigkeiten ist, mit denen Woyzeck zusätzlich Geld verdient, bleibt offen. Woyzeck spricht in dieser Szene von einem »Streif da über das Gras hin« (S. 9), was auf eine Angstvision hinweist. Er fühlt sich von Freimaurern verfolgt. In der Beschreibung seiner Angstvisionen greift er auf eine biblische Sprache zurück, so etwa wenn er von einem »Feuer« spricht, das »um den Himmel [fährt]« (S. 9). Die Formulierung nimmt auf die Ankündigung des Weltendes in der Offenbarung des Johannes im Neuen Testament Bezug (vgl. Offenbarung des Johannes 20,9: »Und es fiel Feuer vom Himmel und verzehrte sie«). Woyzeck wirft sich auf den Boden und reißt Andres mit. Andres, der zunächst ein Volkslied gesungen hat, bricht das Lied ab und reagiert auf Woyzecks Zustand seinerseits verängstigt: »Ich fürcht mich« (S. 9). Die Szene endet mit dem Ertönen der Trommeln in der Stadt, die den Zapfenstreich ankündigen. Für die Soldaten ist dies das Signal, in die Kaserne zurückzukehren.

Woyzecks frühe Angstvisionen

Szene 2: Marie, mit dem Kind auf dem Arm, blickt aus dem Fenster den Soldaten nach, die, angeführt von einem Tambourmajor, zur Kaserne zurückkehren. Marie wie die anwesende Margreth sind beeindruckt vom männlichen Aussehen und selbstbewussten Auftreten des Tambourmajors. Obgleich beide den Tambourmajor attraktiv finden, geraten sie in einen Streit, in dem Margreth Marie deren uneheliches Kind zum Vorwurf macht. Marie beendet den Streit, indem sie das Fenster zuschlägt. Auf dem Weg zur Kaserne kommt Woyzeck vorbei, klopft aber nur ans Fenster und berichtet Marie von seinen Erscheinungen und düsteren Visionen. Marie reagiert ähnlich wie Andres verängstigt: »Der Mann! So vergeistert. [...] Es schauert mich« (S. 11).

Fensterszene: Der Tambourmajor

Auf dem Jahrmarkt

Szene 3: Die Szene spielt auf einem Jahrmarkt, den Marie und Woyzeck vermutlich noch am selben Tag aufsuchen. Es herrscht eine ausgelassene Stimmung. Ein Ausrufer preist die Attraktionen einer Vorführung an, die Woyzeck mit Marie besuchen will. Dies ist die einzige Szene, in der Woyzeck entspannt erscheint. Der ebenfalls anwesende Tambourmajor und ein Unteroffizier sprechen über Marie und ihre erotische Ausstrahlung. Sie folgen Woyzeck und Marie in die Vorstellung. Während der Vorstellung drängelt sich Marie nach vorne und lässt sich dabei vom Unteroffizier helfen.

Vormittag: Szenen 4–8

Die Folgeszenen 4 bis 8 spielen vermutlich alle an einem Vormittag. Die Szenenfolge zeigt Woyzeck gehetzt zwischen den vielfältigen Anforderungen, die er zu erfüllen hat: Woyzeck besucht Marie, rasiert den Hauptmann, Marie trifft den Tambourmajor, Woyzeck stellt sie zur Rede, Woyzeck ist beim Doktor. Das Zusammentreffen mit Marie und dem Kind wird durch die Verpflichtungen Woyzecks begrenzt bzw. unterbrochen. Die Szenenfolge kennzeichnet somit seine Lebenssituation.

Szene 4: Marie ist mit ihrem Kind zu Hause. Sie möchte, dass das Kind schläft. Sie hat neue Ohrringe, offenbar ein Geschenk des Tambourmajors, betrachtet sich im Spiegel und beklagt die Ungerechtigkeit der Verhältnisse, denen sie als arme Frau ausgesetzt ist. Woyzeck kommt hinzu und sieht die Ohrringe, die Marie vor ihm verbergen will. Er ist misstrauisch, als Marie aber aggressiv reagiert, bricht er den drohenden Streit sofort ab, indem er sich dem schlafenden Kind zuwendet. Er gibt Marie Geld zum Unterhalt. Als er geht, hat Marie ein schlechtes Gewissen.

Die »Rasierszene«

Szene 5: Die sogenannte »Rasierszene« zeigt Woyzeck erstmals zusammen mit seinem militärischen Vorgesetzten, dem Hauptmann. Dieser behandelt Woyzeck herablassend und kritisiert dessen Lebenswandel. Seine Versuche, sich philosophisch über die Zeit, das Leben und die Moral zu äußern, wirken lächerlich und zeigen seine Beschränktheit. Woyzeck reagiert auf den Vorwurf, ein uneheliches Kind zu haben, mit dem Hinweis, dass Jesus gesagt habe: »lasset die Kindlein zu mir kommen« (S. 16), und dabei nicht gefragt habe, ob sie ehelich oder unehelich geboren seien. Die Tugend, so Woyzeck, sei nichts für arme Leute. Tugend und Moral seien vielmehr eine Frage der finanziellen Mittel.

Szene 6: Diese Szene zeigt Marie zusammen mit dem Tambourmajor. Deutlich wird die gegenseitige erotische Anziehung zwischen den beiden. Deutlich wird aber auch, dass Marie mit dem Tambourmajor keine Liebesbeziehung eingeht, auch keine feste Beziehung sucht. Sie lässt sich jedoch auf den Tambourmajor ein. Die Art, wie sie dies tut, zeigt, dass sie sich in ihr Schicksal fügt.

Szene 7: In der sehr kurzen Szene macht Woyzeck Marie aus Eifersucht Vorwürfe. Marie lässt sich von ihm nicht einschüchtern, was ihn hilflos zurücklässt.

Ernährungsexperimente

Szene 8: Die Szene, die Woyzeck mit dem Doktor zeigt, dem er sich für Ernährungsexperimente zur Verfügung stellt (Woyzeck darf sich lediglich von Erbsen ernähren), beginnt mit einem Vorwurf des aufgebrachten Doktors: »er hat [...] an die Wand gepisst wie ein Hund« (S. 19). Der Doktor braucht nämlich Woyzecks Urin, um zu untersuchen, wie die Erbsendiät wirkt. Nun ist der Urin für ihn verloren. Woyzeck versucht sich herauszureden, was den Doktor dazu bringt, bei ihm geistige Verwirrtheit zu diagnostizieren und Woyzeck eine Zulage zu versprechen. Für den Doktor ist Woyzeck nichts als ein »interessanter Casus [Fall]« (S. 19).

Nachmittag bis Nacht: Szenen 9–14

Die Szenen 9 bis 14 umfassen etwa den Zeitraum Nachmittag bis Nacht desselben Tages: Hauptmann und Doktor befördern Woyzecks Verdacht, dass Marie ihm untreu ist. Woyzeck verrichtet weitere Dienste für den Doktor und ist dann in der Kaserne mit Andres zusammen. Seine Unruhe treibt ihn schließlich ins Wirtshaus, wo er Marie mit dem Tambourmajor tanzen sieht, was ihn die Fassung verlieren lässt. Wieder alleine auf dem Feld, hört er Stimmen und fantasiert bereits, Marie umzubringen. Er kehrt zurück in die Kaserne, kann aber, im Bett liegend, nicht einschlafen.

Szene 9: In der Szene treffen sich Hauptmann und Doktor auf der Straße. Sie machen sich übereinander lustig, bezeichnen sich mit »Exerzierzagel«[5] (Doktor über den Hauptmann) und »Sargnagel« (Hauptmann über den Doktor) (S. 22). Als Woyzeck vorbeieilt, hält der Hauptmann ihn an und macht gehässige Andeutungen über Maries Untreue. Woyzeck ist darüber entsetzt und bittet den Hauptmann, sich mit ihm, dem »armen Teufel« (S. 22), der außer Marie nichts auf der Welt habe, keinen Spaß zu erlauben. Woyzeck reagiert auch körperlich panisch, was der Doktor kalt registriert. Aufgeregt verlässt Woyzeck den Schauplatz.

Szene 10: Die Szene spielt im »Hof des Professors«[6], dem Woyzeck als Gehilfe dient. Den anwesenden Studenten soll ein Experiment vorgeführt werden. Erneut demütigt der Doktor Woyzeck, indem er ihn auffordert, für die Studenten mit den Ohren zu wackeln. Er verweist auf die Versuche mit Erbsen, die er an Woyzeck durchführt.

Szene 11: Es ist Sonntag, Woyzeck und Andres sind in der Wachstube. Wieder singt Andres, wie schon in

5 Exerzierzagel: Exerzieren meint den militärischen Drill. Zagel meint Schweif, aber auch Rute. Der Begriff ist eine Verballhornung der Tätigkeit des Hauptmanns.

6 In der Szene tauchen die Bezeichnungen Professor und Doktor auf. Vermutlich handelt es sich aber nicht um zwei, sondern um eine Figur. Für diese Lesart spricht, dass Woyzeck den »Professor« als »Doctor« anspricht und die Bezeichnung Professor nicht mehr auftaucht, sondern durch »Doctor« ersetzt wird. Die unterschiedlichen Bezeichnungen resultieren vermutlich aus der Zusammenstellung aus verschiedenen Handschriften.

der Eingangsszene, ein Lied, bricht aber ab, als er Woyzecks Aufgeregtheit bemerkt. In den Gasthäusern der Stadt wird zum Tanz aufgespielt. Woyzeck drängt es dorthin, weil er, wie Andres vermutet, eifersüchtig ist, und es deshalb in der Wachstube nicht aushält.

Woyzeck entdeckt Maries Untreue

Szene 12: Woyzeck sieht durch das Fenster der Gaststube Marie mit dem Tambourmajor tanzen. Die beiden bemerken ihn nicht. Woyzeck ist aufgeregt und empört sich (»Tut's am hellen Tag, tut's einem auf den Händen, wie die Mücken«, S. 27), sinkt aber zugleich auf die Bank vor dem Fenster nieder. Die Reden zweier Handwerkburschen, die ironisch über die Bestimmung des Menschen und die Vollkommenheit der Welt sprechen, unterlegen die Szene kontrastreich.

Szene 13: Woyzeck ist alleine vor der Stadt. Er hört die Musik aus der Stadt, aber auch Stimmen, die ihm sagen, er solle Marie töten.

Szene 14: In der Nacht in der gemeinsamen Stube mit Andres hört Woyzeck noch immer Stimmen. Andres versucht ihn zu beruhigen, empfiehlt ihm Alkohol und ein Pulver gegen das »Fieber« (S. 28).

Am folgenden Tag: Szenen 15–18

Die Szenen spielen am folgenden Tag. Woyzeck kämpft mit dem Tambourmajor, gegen den er keinerlei Chance hat, kauft die spätere Mordwaffe und übergibt Andres seinen Besitz. Während Woyzeck mit seinem Leben abschließt, liest Marie in der Bibel und bereut ihre Untreue.

Szene 15: Im Wirtshaus trifft Woyzeck am nächsten Tag auf den Tambourmajor, der ihn beleidigt und demütigt, indem er ihn niederringt.

■ Kampf zwischen Woyzeck und Tambourmajor

Szene 16: Woyzeck kauft bei einem jüdischen Händler ein Messer. Er zahlt zwei Groschen – das ist der Verdienst, den er vom Doktor erhält. Für eine Pistole reicht sein Geld nicht.

Szene 17: Die Szene zeigt Marie und den Narren Karl. Marie blättert in der Bibel und liest die Textstelle, in der Jesus einer Ehebrecherin vergibt. Marie hat wegen der Untreue ein schlechtes Gewissen – auch mit Blick auf das Kind. Sie bemerkt, dass Woyzeck seit gestern nicht gekommen ist.

Szene 18: In der Kaserne gibt Woyzeck seinen wenigen Besitz Andres, der ihn verwundert entgegennimmt. Andres vermutet noch immer Fieber bei Woyzeck und möchte, dass er ins Lazarett geht.

■ Woyzecks Testament

Abends: Szenen 19–27

Diese Szenen bilden den Mordkomplex. Noch am selben Tag holt Woyzeck Marie abends ab, bringt sie um, zeigt sich aufgelöst im Wirtshaus, kehrt an den Tatort zurück, um die Mordwaffe zu suchen und sich das Blut abzuwaschen. Während der Mord entdeckt und kommentiert wird, versucht Woyzeck ein letztes Mal, Kontakt zu seinem Kind aufzunehmen, das sich jedoch von ihm abwendet.

Szene 19: Die Szene spielt bei Marie. Marie sitzt mit einem Mädchen und der Großmutter vor der

Haustür, wo sich auch zwei Kinder befinden, die unterhalten werden wollen. Die Großmutter erzählt den Kindern ein Märchen von einem armen Waisenkind. Das Märchen ähnelt motivisch dem Sterntalermärchen der Brüder Grimm, nimmt jedoch ein schlechtes Ende: Ein armes Kind, gut und fromm, ist alleine auf der Welt. Das Kind muss feststellen, dass alles tot ist, auf der Erde wie im Himmel. Es setzt sich hin und weint. Es gibt keine Erlösung, kein gutes Ende. Am Ende der Szene holt Woyzeck Marie ab.

■ Märchen der Großmutter

Szene 20: Woyzeck und Marie befinden sich draußen vor der Stadt. Marie möchte nach Hause, aber Woyzeck hält sie zurück. Er erinnert sie, dass sie nun seit zwei Jahren ein Paar sind, fühlt sich von ihr sexuell angezogen, bezichtigt sie aber auch der Sünde und wird gewalttätig. Woyzeck bringt Marie mit dem beim Juden gekauften Messer um.

■ Woyzecks Mord an Marie

Szene 21: Die Szene zeigt zwei Personen, die Ohrenzeugen der Mordtat werden.

Szene 22: Woyzeck begibt sich in ein Wirtshaus, er tanzt, singt anzügliche Lieder, versucht sich Käthe zu nähern, die sich auch darauf einlässt, bis sie das Blut an seiner Kleidung bemerkt. Er wird zur Rede gestellt, kann nicht antworten und flieht. Der Narr im Hintergrund spricht: »ich riech Menschenfleisch« (S. 35).

Szene 23: Zwei Kinder sprechen über den Mord, der inzwischen bekannt geworden ist.

Szene 24: Woyzeck kehrt zum Tatort zurück, um das dort zurückgelassene Messer zu verstecken. Er führt Selbstgespräche, sieht die tote Marie, findet das Messer und läuft weg.

Szene 25: Woyzeck wirft das Messer in einen Teich, hat jedoch Angst, dass es dort gefunden wird, und versucht sich das Blut abzuwaschen.

Szene 26: Gerichtsdiener, Barbier, Arzt und Richter versammeln sich. Sie stellen fest, dass es einen solchen »schöne[n]« (S. 37) Mord lange nicht mehr gegeben habe.

Szene 27: Woyzeck ist alleine mit dem Narren Karl und dem Kind. Der Narr hält das Kind, das sich von Woyzeck abwendet. Woyzeck kann keinen Kontakt mehr zu seinem Kind aufnehmen und gibt dem Narren schließlich Geld, mit dem er dem Kind einen »Reuter« (S. 38), ein Gebäck, kaufen soll. Narr und Kind laufen davon.

3. Figuren

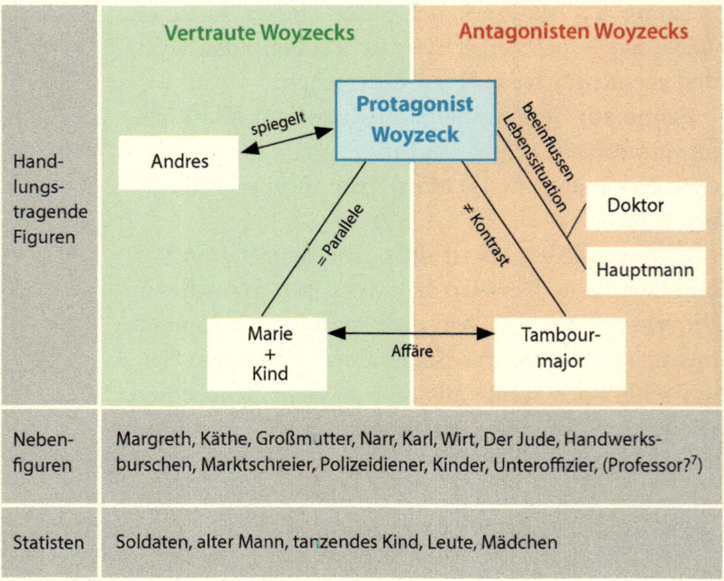

Abb. 1: Figurenkonstellation

■ Handlungstragende Figuren

Auch wenn in der Figurenübersicht eine große Anzahl an Figuren aufgeführt wird, so ist doch die Zahl der handlungstragenden Figuren sehr überschaubar. Die Hauptfigur des Dramas ist Franz Woyzeck. Wichtig für die Handlung sind darüber hinaus Marie sowie Andres, ein Freund Woyzecks und dessen Regimentskamerad. Wichtig sind zudem der Tambourmajor, mit

7 Vgl. hierzu Anm. 6 auf S. 17.

dem Marie ein Verhältnis eingeht, der Hauptmann und der Doktor, die Einfluss auf Woyzecks Lebenssituation nehmen. Der Hauptmann nimmt Einfluss als militärischer Vorgesetzter, für den Woyzeck zugleich weitere Arbeiten verrichtet. Der Doktor bezahlt Woyzeck dafür, dass er ihm als Versuchsobjekt zur Verfügung steht.

Bühnenpräsenz

Die genannten Figuren treten unterschiedlich häufig auf. Woyzeck selbst ist in 21 der insgesamt 27 Szenen des Stückes in unterschiedlichen Figurenkonstellationen präsent, dreimal auch alleine (Szenen 13, 24 und 25). Die Szenen zeigen Woyzecks sozialen und beruflichen Kontext, seine Lebensbedingungen, aber auch seine Wahrnehmung und geben Einblick in seine psychische Verfassung.

Bedeutung der Figurennamen

Auffällig sind darüber hinaus die Bezeichnungen der Figuren. Es lassen sich Figuren, die mit einem Vor- oder Nachnamen bezeichnet werden, angefangen bei Woyzeck selbst, von solchen unterscheiden, deren Namen lediglich ihre (berufliche) Funktion benennen (Funktionsnamen wie Hauptmann, Doktor, Tambourmajor). Die Figuren, die mit Vor- oder Nachnamen benannt werden, treten uns, wie Büchner es in einem seiner Briefe formuliert, als »Menschen aus Fleisch und Blut«[8] gegenüber. Dies gilt insbesondere für Woyzeck und Marie, die als einzige Figuren Vor- und Nachnamen haben. Sie haben psychologische Tiefe, während

8 Georg Büchner, Brief an die Eltern vom 28. Juli 1835, zitiert nach: Georg Büchner, *Die Briefe*, hrsg. von Ariane Martin. Stuttgart 2011, S. 32–34.

die Figuren mit Funktionsnamen eher typisierte und wenig differenzierte Charaktere darstellen.

Die handlungstragenden Figuren werden im Folgenden vorgestellt.

Franz Woyzeck

Die Figur trägt den Namen einer realen Person. Sie ist aber kein Abbild des Johann Christian Woyzeck (vgl. Kap. 5, S. 45), durch dessen Fall Büchner zu seinem Drama angeregt wurde. Gleichwohl trägt die fiktive Figur Züge der realen Figur.

Arbeitsüberlastung

Büchner zeigt in der Figur des Woyzeck einen »[…] Soldat[en] und Gelegenheitsarbeiter auf der untersten Stufe des Bewußtseins, eine[n] der Armen im Geiste, scheint es, ein[en] Wehrlose[n], der alles über sich ergehen lassen muss. Panische Bewegungsabläufe zeigen einen nicht nur durch Arbeitsüberlastung Gejagten, vielleicht einen seelisch Kranken«[9], der sich anderen gegenüber kaum mitteilen kann. Dies wird deutlich in einer sehr reduzierten, abgehackten Sprache, etwa in dem stereotypen »Ja wohl« (S. 15), mit dem er seinem Hauptmann antwortet. Er scheitert durchgängig daran, sich mitzuteilen oder sich anderen gegenüber zu behaupten, was er ohnehin kaum versucht. Woyzeck kann sich aber auch selbst die ihn krank machenden Lebensumstände nicht erklären. Er tritt uns als ver-

9 Alfons Glück, »Woyzeck. Ein Mensch als Objekt«, S. 184, in: *Georg Büchner, Dantons Tod, Lenz, Leonce und Lena, Woyzeck. Interpretationen.* Stuttgart 1990, S. 179–220.

ängstigter, von Halluzinationen und Verfolgungswahn gequälter Mensch entgegen. Bereits in der ersten Szene (Freies Feld. Die Stadt in der Ferne.) halluziniert er das freie Feld als Richtplatz, fühlt sich von Freimaurern bedroht und hat apokalyptische Untergangsfantasien, für die er keine eigenen Worte findet und deshalb auf biblische Sprachmuster (Feuer und Posaunen) zurückgreift. Sowohl bei seinem Freund Andres löst das Angst aus (»Ich fürcht mich«, S. 9) als auch bei Marie, auf die er in der Folgeszene trifft (»Der Mann, so vergeistert. […] Es schauert mich«, S. 11). Für den Doktor sind diese Äußerungen Woyzecks Symptome ausgeprägter Geistesverwirrungen, die ihn amüsieren. Dazwischen zeigt sich Woyzeck, soweit ihm das möglich ist, als sorgender Ernährer seiner Familie (Szene 4) und erduldet sowohl die Gehässigkeiten des Hauptmanns (Szene 5, »Rasierszene«) als auch des Doktors (Szene 8). Zwischen diesen Anforderungen familiärer und beruflicher Art wirkt Woyzeck innerlich wie erstarrt, während er von einem Ort zum anderen jagt und ganz »verhetzt« (S. 17) aussieht.

Sprachunvermögen

Woyzeck zeigt insgesamt Züge einer Psychose, einer schweren seelischen Erkrankung, die mit zeitweiligem Verlust des Realitätsbezugs einhergehen kann (vgl. hierzu ausführlich Kap. 6, S. 55). Diese Erkrankung war zur Zeit Büchners Gegenstand der wissenschaftlichen Forschung, auch wenn der Begriff selbst zu diesem Zeitpunkt noch nicht verwendet wurde.[10]

10 Im Deutschen ist der Begriff erstmals 1845 nachgewiesen und damit erst nach Büchners Tod.

Büchner diagnostiziert im *Woyzeck* das komplexe Ursachenbündel der Erkrankung als eine Mischung aus sozialem Druck, seelischer Belastung und körperlicher Schwäche. Die Symptome der Krankheit sind bereits in der ersten Szene vorhanden und steigern sich im Handlungsverlauf, bis die Krankheit, bedingt durch Maries Untreue und Woyzecks Eifersucht, endgültig ausbricht und in die Katastrophe des Mordes an Marie führt.

Marie Zickwolf

Marie ist in vielfacher Weise mit Woyzeck verbunden; dies nicht zuletzt durch das gemeinsame Kind, für das beide sorgen. Eine Ehe ist beiden aufgrund ihrer wirtschaftlichen Situation nicht möglich. Wie Woyzeck muss auch Marie die aus dieser unehelichen Beziehung resultierende gesellschaftliche Ächtung aushalten. Woyzeck wird dafür von seinem Hauptmann verachtet. In Szene 5 bezeichnet der Hauptmann Woyzecks Verhalten offen als unmoralisch und in Szene 9 ist er es, der Woyzeck auf Maries Untreue hinweist. Ihre Untreue wird damit in direkten Zusammenhang mit dem gesellschaftlich nicht akzeptierten Beziehungsverhältnis gestellt. Marie selbst muss die Herablassung ihrer Nachbarin Margreth ertragen (Szene 2), die ihr vorwirft, sich mit jedem Mann einzulassen, als beide dem vom Tambourmajor angeführten Zug der Soldaten nachsehen.

■ Gesellschaftliche Ächtung

Sowohl in den Äußerungen des Hauptmanns gegenüber Woyzeck als auch in denen Margreths gegenüber Marie wird die Verlogenheit der Gesellschaft deutlich. Der Hauptmann behauptet etwa, auch er empfinde Liebe, könne sich aber beherrschen, und Margreth findet den Tambourmajor ihrerseits attraktiv. Anders als Woyzeck und Marie geben beide diesen Bedürfnissen aber nicht nach. Woyzeck und Marie erscheinen damit als zügellose und unbeherrschte Menschen, gesteuert von ihren Trieben – ein Vorwurf, den auch der Doktor gegenüber Woyzeck erhebt, als er ihm vorwirft, sich nicht beherrschen zu können und gegen die Wand »gepisst« (Szene 8, S. 19) zu haben.

■ Gesellschaftliche Verlogenheit

Woyzecks und Maries Beziehung und das gemeinsame Kind stellen nun allerdings keine emotionale Grundlage dar, die ihnen Halt geben würde. Diese Beziehung ist keine, in der zwei Menschen, die sich lieben, sich gegenseitig stützen und unterstützen. Woyzeck, gefangen in seinen Wahnvorstellungen, ist für Marie nicht erreichbar. Sie fürchtet sich vor ihm (Szene 2).

■ Beziehung von Woyzeck und Marie

Der selbstbewusste und großsprecherische Tambourmajor, der seine Männlichkeit zur Schau stellt, wird damit für Marie attraktiv. In allem erscheint er als das Gegenteil von Woyzeck. Wo Woyzeck Marie seinen kargen Lohn abliefert, der gerade so das Überleben sichert, macht der Tambourmajor ihr Geschenke (Ohrringe), die sie von einem besseren Leben träumen lassen. In Szene 4 werden Maries Wünsche und die bittere Realität kontrastiert. Woyzeck stellt Marie

■ Marie und der Tambourmajor

Maries Fatalismus

wegen der Ohrringe zur Rede, kann sich aber gegen sie argumentativ nicht behaupten und lenkt schnell ein. Obwohl Marie sich durchsetzt, hat sie ein schlechtes Gewissen, bezeichnet sich selbst als »schlecht Mensch« (S. 15). Trotzdem lässt sie sich auf den Tambourmajor ein. In ihrer fatalistischen Schlussfolgerung »Geht doch alles zum Teufel, Mann und Weib« (S. 15), wird deutlich, dass sie sich bewusst ist, das erträumte Glück in der Beziehung zum Tambourmajor nicht zu finden. Szene 6 zeigt, dass sie weiß, dass der Tambourmajor sie sexuell attraktiv findet, aber es nicht um eine darüber hinausgehende Beziehung, gar eine Ehe geht. Liebe ist nicht im Spiel. Sie gibt der sexuellen Anziehung, die der Tambourmajor auch auf sie ausübt, nach, womit sich scheinbar der gesellschaftliche Vorwurf der Ungezügeltheit, den Margreth gegen sie erhebt, bestätigt.

Maries ambivalente Haltung

Marie durchschaut, anders als Woyzeck, die Ursachen ihrer perspektivlosen Lebenssituation und ihre eigene ambivalente Haltung, ergibt sich aber fatalistisch-resignativ in ihr Schicksal und lässt sich auf den Tambourmajor ein. Gleichzeitig macht sie das Wissen um die eigene Attraktivität selbstbewusst. Gegenüber Woyzeck empfindet sie zwar noch Mitleid, lässt sich von ihm aber keine Vorhaltungen machen, als dieser versucht, sie zur Rede zu stellen (Szene 7). Marie eskaliert die Situation gewissermaßen, indem sie sich nun auch öffentlich mit dem Tambourmajor beim Tanz zeigt (Szene 12), wobei beide von Woyzeck beobachtet werden. Aber auch dieser Schritt, mit dem sie die Beziehung zu Woyzeck in Frage stellt, löst ihre Ambivalenz nicht auf. Sie bemerkt durchaus, dass Woyzeck an diesem Tag nicht mehr zu ihr gekommen ist. Der Anblick des gemeinsamen Kindes löst zusätzlich ein Gefühl von Scham aus. In Szene 17 liest sie eine ihre Situation spiegelnde biblische Textstelle aus dem Johannes-Evangelium, in der Jesus einer Ehebrecherin verzeiht. Dies könnte darauf hinweisen, dass Marie zu Woyzeck zurückkehren möchte.

Im Fortgang der Handlung spielt dies aber keine Rolle mehr, denn Woyzeck, zusätzlich gedemütigt durch den Tambourmajor, der ihn niedergekämpft hat, hat inzwischen ein Messer gekauft. Die Szene 17, in der Marie Reue empfindet, ist damit eingeordnet in zwei »Woyzeck-Szenen«: die eine zeigt ihn beim Kauf des Messers, die andere mit Andres in der Kaserne, in der Woyzeck sein Testament macht und seinen geringen Besitz verschenkt. Damit ist zugleich über Maries Leben entschieden. Woyzeck bringt Marie um. Während der Tat wiederholt er Maries Worte, die sie beim Tanz mit dem Tambourmajor gesprochen hat: »Immer zu« (S. 27). Immer zu sticht Woyzeck auf Marie ein. Diese Gewalt ist durchaus sexualisiert und sie trägt Züge einer Vergewaltigung.

■ Sexualisierte Gewalt

Marie als Parallelfigur zu Woyzeck lebt unter vergleichbaren Verhältnissen, die es ihr unmöglich machen, ihre Lebenslust zu stillen und ihre Wünsche zu realisieren. Da, wo sie ihren Wünschen und Bedürfnissen nachgibt (sexuelle Kontakte außerhalb einer Ehe), verstößt sie gegen gesellschaftliche Konventio-

■ Marie als Parallelfigur Woyzecks

nen und muss entsprechende Verachtung ertragen. Anders als Woyzeck, der die Lebensverhältnisse erleidet, werden diese von Marie durchschaut. Dabei ist sie fähig, Mitleid zu empfinden und das eigene Verhalten zu reflektieren. Ihre Schlussfolgerung ist aber fatalistisch und resignativ. Die Beziehung zwischen Woyzeck und Marie ist keine, in der beide einen Halt finden könnten, um ihre bedrängte Lebenssituation zu bewältigen. Dass es Marie ist, die am Ende – von Woyzeck regelrecht niedergemetzelt – stirbt, zeigt auch ein Frauenschicksal.

Andres

Andres ist Woyzecks Freund und wie dieser Soldat. Seine Lebensverhältnisse und Lebensbedingungen unterscheiden sich nicht von denen Woyzecks. Anders als Woyzeck wirkt Andres aber gefestigt und scheint sich zurechtzufinden. Er wird als freundlicher, singender Mensch präsentiert. Damit wird er zur Spiegelfigur Woyzecks. Im Spiegel Andres' tritt Woyzecks Verstörtheit und Erstarrung umso deutlicher hervor. In vier Szenen (1, 11, 14, 18) tritt Andres jeweils gemeinsam mit Woyzeck auf. Andere Figuren sind in den Szenen nicht zugegen. In der ersten Szene singt Andres ein Lied, das allerdings abbricht, als Woyzeck von seinen Visionen spricht und Andres damit ängstigt. Ähnlich verhält es sich in Szene 11, der zweiten, in der Andres auftritt. Woyzeck ist unruhig und hält es in der Wachstube nicht aus, weil er eifersüchtig ist.

■ Andres als Spiegelfigur Woyzecks

Es treibt ihn zum Wirtshaus, wo er Marie mit dem Tambourmajor tanzen sieht. Die Szene 14 »Nacht« zeigt Woyzeck und Andres in der Kaserne in einem Bett, was einerseits die Nähe zwischen beiden verdeutlicht und zugleich auf ihre Armut verweist. Andres nimmt wohl Woyzecks Unruhe wahr und auch, dass diese mit Marie zusammenhängt. Die Beziehungskrise erscheint ihm aber nicht bedeutungsvoll. Er vermutet bei Woyzeck ein Fieber, gegen das er »Schnaps trinken und Pulver drein« (S. 28) empfiehlt. Fieber ist auch seine Erklärung für Woyzecks Verhalten in Szene 18. Dass Woyzeck hier bereits mit seinem eigenen und dem Leben Maries abgeschlossen hat, nimmt er nicht wahr oder ignoriert es – das ist nicht zu entscheiden. Woyzeck schenkt Andres in dieser Szene seinen ärmlichen Besitz, was, ähnlich wie das Teilen des Bettes, auf Verbundenheit hinweist. Andres seinerseits ist zwar zugewandt, bleibt aber passiv. Ob er Woyzeck nicht helfen will oder nicht helfen kann, ist erneut nicht zu entscheiden.

Als Soldat unterliegt Andres den gleichen Mechanismen wie Woyzeck. Doch im Gegensatz zu Woyzeck zerbricht Andres nicht an diesen Lebensbedingungen, zugleich erwachsen ihm daraus freilich nicht die Fähigkeit und der Mut, sich aus der Abhängigkeit zu befreien. Auch diese Freundschaft, hier vergleichbar mit der Beziehung zwischen Woyzeck und Marie, bildet keine sichere, die Personen stabilisierende Basis. Die Figur Andres hat im Drama die Funktion, Woyzeck zu spiegeln.

Tambourmajor

■ Kontrastfigur

Diese Figur ist als Kontrastfigur zu Woyzeck angelegt. Zwischen ihm und Woyzeck bewegt sich Marie. Die Tatsache, dass sich Marie auf den Tambourmajor einlässt, bewirkt in Woyzeck den Entschluss, sie umzubringen und damit auch sein eigenes Leben endgültig zu zerstören.

Der Tambourmajor, eine Figur, die lediglich einen Funktionsnamen trägt und ohne psychologische Tiefe angelegt ist, wird durchgängig als männlich, stark, angeberisch, stolz, selbstbewusst und als ein Sexualprotz und Chauvinist gezeichnet. Dieses Auftreten ist von ihm als Soldat und Uniformträger nicht zu trennen. Durch die Uniform wird er in der Öffentlichkeit sichtbar. Die Uniform macht ihn selbstbewusst und selbstbewusst trägt er die Uniform. Alle diese Attribute kennzeichnen ihn als Kontrastfigur zu Woyzeck und machen ihn für Marie interessant.

Dabei ist die militärische Funktion des Tambourmajors faktisch keine, die ihn im militärischen Sinne über Woyzeck und Andres stellt. Die Bezeichnung »Major« ist hier irreführend. Die Funktion Tambourmajor konnte auch von niederen militärischen Rängen, also einfachen Soldaten, ausgeübt werden. Sie reduziert sich darauf, vor dem Musikzug herzulaufen und diesen zu dirigieren. Seine Uniform mag dabei prachtvoll aussehen, sie verweist aber nicht auf einen hohen militärischen Rang. Deutlich wird an dieser Figur, dass die Existenz einer Person ganz durch ihre

Funktion bestimmt sein kann. Der Tambourmajor ist kein starker Charakter, der Selbstbewusstsein aus sich selbst zieht. Dem armen Woyzeck ist er freilich allemal überlegen. Der Tambourmajor repräsentiert das gesellschaftliche, hier militärische System, an dem Woyzeck zerbricht.

Hauptmann

Der Hauptmann ist Woyzecks Vorgesetzter, ein Militär, der im Rang deutlich über ihm steht. Er trägt lediglich einen Funktionsnamen, was erneut auf eine Figur ohne psychologische Tiefe verweist.

Büchner zeichnet den Hauptmann im Ganzen als eine lächerliche Figur. Er liegt faul am Fenster und sieht den Frauen nach, wie er selbst in Szene 5 erzählt. Er ist aufgedunsen und fett und durchaus in schlechter körperlicher Verfassung, weshalb der Doktor ihm bescheinigt, in der Gefahr zu leben, einen Schlaganfall zu erleiden, was ihn beunruhigt (Szene 9). Seine militärische Laufbahn erscheint begrenzt, und er zeigt auch keinen Ehrgeiz weiterzukommen (Szene 9).

■ Lächerliche Figur

In der sogenannten »Rasierszene« (Szene 5) lässt er sich von Woyzeck bedienen. Selbst müßig im Stuhl sitzend, wirft er Woyzeck vor, immer so gehetzt auszusehen, und erklärt Woyzecks Atemlosigkeit umstandslos zur Charakterfrage: »[…] ein guter Mensch tut das nicht« (S. 16). Im Gegensatz zu Woyzeck, der nur durch äußerste Anstrengung die Mittel zum Leben heranschaffen kann, hat der Hauptmann nichts zu tun und weiß nichts mit seiner Zeit anzufangen. Er präsentiert sich als Vertreter von Moral, Tugend und der Institution Kirche und wirft Woyzeck die Verletzung dieser Werte vor. Woyzecks Reaktion auf den Vorwurf, ein uneheliches Kind zu haben, stürzt den Hauptmann in Verwirrung. Er erwartet nicht, dass Woyzeck überhaupt in der Lage ist, ihm zu antworten. Entsprechend kann er auf Woyzecks Hinweis, Tugend sei nur etwas für reiche Leute, nur mit Floskeln reagieren. Trotzdem hat Woyzeck keine Chance, sich gegenüber seinem Vorgesetzten zu behaupten, obwohl er in dieser Szene für seine Verhältnisse geradezu eloquent argumentiert. Dies unterscheidet die Szene deutlich von allen anderen. Das Gefühl der Überlegenheit, das der Hauptmann gegenüber Woyzeck hat, wird auch durch seine argumentative Niederlage nicht angetastet. In der Folgeszene 9 ist es der Hauptmann, der Woyzeck im Vorübergehen und nebenbei gehässig auf Maries Untreue hinweist und Woyzeck damit weiter psychisch destabilisiert (vgl. Kap. 6, S. 56).

■ Überlegenheit durch Rang

Doktor

■ Gewissenloser Wissenschaftler

Auch der Doktor ist eine namenlose Figur. Ein ehrgeiziger und gewissenloser Wissenschaftler, der in Woyzeck lediglich ein Versuchsobjekt für Ernährungsexperimente sieht. Im Rahmen der Versuche benötigt er die vollständige Kontrolle über Woyzecks Körper. Woyzeck muss sich ausschließlich von Erbsen ernähren. Die Wirkung dieser Diät will der Doktor untersuchen. Daher auch sein Ärger, dass Woyzeck »an die Wand gepisst« (S. 19) hat, wodurch der Urin, den er untersuchen möchte, verloren ist.[11] Woyzeck soll sich kontrollieren, damit der Doktor die Kontrolle über ihn hat.

Der Doktor sieht sich selbst als rationalen Wissenschaftler. Seine Rücksichtslosigkeit und Skrupellosigkeit sind ihm Ausweis seiner Wissenschaftlichkeit. Deshalb ärgert er sich über Woyzeck, aber er ärgert sich vor allem über seinen Ärger, weil er sich dadurch auf eine Ebene mit Woyzeck begibt und sich so mit ihm gemein macht. Die Herablassung des Doktors beschränkt sich aber nicht nur auf Woyzeck, sondern richtet sich auch gegen Personen, die ihm gesellschaftlich gleichgestellt sind. Auch den Hauptmann behandelt er herablassend (Szene 9).

11 Zur Einordnung und Deutung der Ernährungsexperimente vergleiche Kap. 5 »Quellen und Kontexte« sowie Kap. 6 »Interpretationsansätze«.

4. Form und literarische Technik

Überlieferung und Textgestalt

Die Grundlage jeder *Woyzeck*-Bearbeitung bilden Fragmente, die Büchner bei seinem Tod im Jahr 1837 als handschriftliche Dokumente hinterlassen hat. Die Entwürfe zeigen unterschiedliche Bearbeitungsstadien und werden als Handschriften 1–4 bezeichnet. Sie werden heute im Goethe- und Schiller-Archiv in Weimar aufbewahrt.

Handschriften

■ Vier Handschriften

Die Handschrift H 1, die in 21 Szenen den gesamten Dramenablauf enthält, ist vermutlich in Straßburg zwischen Juli und Oktober 1836 entstanden. Die Hauptfiguren heißen Louis und Margarethe. Der inhaltliche Schwerpunkt liegt auf der unmittelbaren Vorgeschichte des Verbrechens (Mordfantasien und konkrete Vorbereitungen), weniger auf den Lebensumständen der beiden Protagonisten.

Die Handschrift H 2 zeigt eine etwas erweiterte Fassung des Dramenbeginns und besteht aus neun Szenen. Die Figuren heißen nun Woyzeck und Louise und werden in ihrem sozialen Umfeld gezeigt. Die Figuren Hauptmann und Doktor kommen hinzu.

Handschrift H 3 besteht aus einem Einzelblatt, das die Szenen 10 und 27 enthält.

Die Handschrift H 4 stellt die letzte überlieferte

Handschrift dar und enthält 17 Szenen. H 4 nimmt die Szenenfolge von H 2 auf, erweitert diese um neue Szenen und endet mit der Szene »Kaserne. Andres. Woyzeck, kramt in seinen Sachen« (S. 31), in der Woyzeck Andres seinen Besitz übereignet. Bei aller Unterschiedlichkeit liegt den Handschriften doch eine Konzeption zugrunde, auch wenn Büchner keine endgültige Reihenfolge der Szenen mehr festgelegt hat. Er hat dem Drama selbst auch (noch) keinen Titel gegeben.

Editionsgeschichte

Die literaturwissenschaftliche Forschung zum *Woyzeck* und die entsprechenden Editionen des Werkes beschäftigen sich aufgrund der Überlieferung in vier Handschriften intensiv mit der Frage, in welchem Verhältnis die Handschriften zueinander stehen und welche Szenenreihenfolge sich daraus ergibt. Die schlechte Lesbarkeit der Handschriften stellt eine zusätzliche Erschwernis dar. Erst ihre chemische Behandlung hat in den späten 1870er Jahren eine Entzifferung größerer Textblöcke überhaupt möglich gemacht. Bis jetzt sind nicht alle Wortlesungen gesichert.

■ Schlechte Lesbarkeit der Handschrift

Heute ist sich die Forschung zum *Woyzeck* über die Reihenfolge weitgehend einig – auch wenn weiterhin sich in diesem Punkt unterscheidende Textausgaben kursieren. Diese entspricht der Textfassung, die auch diesem Lektüreschlüssel zugrunde liegt (vgl. die Szenenfolge im Kapitel Inhaltsangabe).

Offene oder geschlossene Dramenform?

Es ist nicht zuletzt die fragmentarische Überlieferung und die lange strittige Frage der Szenenanordnung, die dazu geführt hat, dass Büchners *Woyzeck* häufig als offenes Drama[12] bezeichnet wurde bzw. wird, also auf ein Drama, das auf die Einheit von Handlung, Ort und Zeit weitgehend verzichtet (vgl. Kap. 11, S. 119). Diese Lesart sieht Büchners *Woyzeck* als erstes Beispiel eines offenen Dramas an, das in allen Aspekten mit den Strukturen der traditionellen geschlossenen Form bricht.

Offene Form?

Die offene Dramenform ist dadurch gekennzeichnet, dass die Einzelszenen lediglich lose und in keiner zwingenden Reihenfolge angeordnet sind. So hat man beispielsweise das Stück lange mit der »Rasierszene« (Szene 5) beginnen lassen. Tatsächlich entspricht das Drama in keiner Weise den traditionellen Vorgaben der geschlossenen Dramenform, in der sich die Handlung Szene für Szene logisch-deduktiv entwickelt. Die Handlung einer Szene ergibt sich im offenen Drama also nicht notwendigerweise aus dem Geschehen einer vorangegangenen Szene. Allerdings wird die These vom *Woyzeck* als offenem Drama zunehmend in Frage gestellt; eine Deutung, der auch die Interpretationsansätze in diesem Lek-

12 Die Charakterisierung des Dramas als Musterbeispiel der offenen Dramenform findet sich insbesondere bei: Volker Klotz, *Geschlossene und offene Form im Drama*, München 1960.

türeschlüssel (vgl. Kapitel 6) folgen. Natürlich sind die Szenen im *Woyzeck* Momentaufnahmen, aber das Geschehen ist keineswegs offen, etwa im Sinne eines offenen Ausgangs der Handlung. Vielmehr lassen sich Kausalzusammenhänge rekonstruieren. Denn die Szenen sind eng aufeinander bezogen und liefern mehr als nur Schlaglichter auf eine geschundene Existenz, die in der Reihenfolge austauschbar wären. Versucht man die inzwischen weithin unstrittige Szenenfolge zu systematisieren (vgl. hierzu die Ausführungen in Kap. 4, S. 37), so ergibt sich hieraus eine Handlungsabfolge, die unaufhaltsam auf die Katastrophe hinsteuert. Die Szenenfolge ist in einen kurzen Zeitraum von vermutlich nur etwas mehr als zwei Tagen zusammengedrängt. Daraus ergibt sich eine schon zeitlich enge Verzahnung, z. T. muss man sich die Szenen auch simultan denken (vgl. etwa die Szenen 16 und 17: Marie liest reuevoll in der Bibel, während Woyzeck die Mordwaffe kauft). In kurzer Zeit überschlagen sich die Dinge. Dies bildet auch das Getriebensein Woyzecks ab, das zu einem schlechten Ende führen muss. Neunzig Tage hat Woyzeck die Erbsendiät eingehalten. Sein körperlicher Zustand ist mehr als schlecht, wie der Doktor mitleidlos feststellt. Von vielfachen Anforderungen durch sein Leben gehetzt, verschärfen sich die von Beginn an vorhandenen Symptome einer Psychose in kurzer Zeit schubhaft. Die Untreue Maries und die öffentliche Demütigung durch den Tambourmajor lassen Woyzeck endgültig zerbrechen. Der Mord an

Marie kommt dabei einem Selbstmord gleich. Ein anderes Ende ist kaum denkbar.

Finale Handlungsfolge

In diesem Sinne ist *Woyzeck,* wie Alfons Glück schreibt, final.[13] Dass diese Finalität sich von der des geschlossenen aristotelischen Dramas unterscheidet, hat, nach Alfons Glück, seine Ursache in der dramatisierten Lebenswirklichkeit: Ein armer Mensch wie Woyzeck, der sich an der Grenze zur Bewusstlosigkeit befindet, der nichts in sich hat, was ihm Stabilität oder gar Widerstandskraft verleihen könnte, und der von den Verhältnissen hin und her geworfen wird, lässt eine gradlinige Handlung, in der sich die Szenen logisch und zwingend auseinander ergeben, nicht zu. Ein solcher Charakter war vor Büchners *Woyzeck* noch nicht auf einer Bühne zu sehen und bedingt eine auch in der Form neue Darstellung.

Woyzeck ist im streng literaturwissenschaftlichen Sinn kein offenes Drama, obgleich das Stück die strikten Regeln der geschlossenen Form nicht realisiert. Büchners *Woyzeck* markiert vielmehr den Beginn des modernen Theaters, indem er traditionelle Formen und Themen hinter sich lässt und stattdessen einen für die zeitgenössische gesellschaftliche wie ökonomische Entwicklung angemessenen Ausdruck findet.

13 Glück (s. Anm. 9), S. 212.

Sprache

Wie die Form des *Woyzeck* sich von der Tradition löst, so ist auch dessen Sprache eine, die mit der Dramentradition bricht. Solche abgehackten Sätze, solches Stottern hat es auf der Bühne vorher nicht gegeben. Die Sprache bildet im *Woyzeck* Lebensverhältnisse ab, und das meint insbesondere Herrschaftsverhältnisse. Die Sprache der Figuren zeigt ihre Herkunft sowohl hinsichtlich ihres Bildungsmilieus als auch ihrer regionalen Abstammung. Die Sprache zeigt auch, das gilt insbesondere für Woyzeck selbst, die innere Verfassung der Figuren. In der Sprache charakterisieren sich die Sprecher selbst.

■ Sprache als Charakterisierung

Die Sprache des Doktors ist Fachsprache und zielt nicht darauf ab, von seiner Umgebung verstanden zu werden. In seinem Selbstverständnis als rationaler Wissenschaftler fühlt er sich allen anderen überlegen; dies gilt auch für sein Verhältnis zum Hauptmann, obwohl ihm dieser gesellschaftlich gleichgestellt ist. Der Wunsch des Doktors, sich von anderen abzugrenzen, wird auch durch seine Sprache deutlich.

■ Sprache des Doktors

Die Sprache des Hauptmanns ist gekennzeichnet von Herablassung. Auch wenn Büchner diese Figur als lächerliche Gestalt entlarvt, so ändert dies doch nichts an der Überlegenheit, die der Hauptmann gegenüber Woyzeck empfindet und durch seinen Rang auch faktisch hat. Der Hauptmann schwätzt vor sich hin und tut dies im Gefühl der Überlegenheit und Unangreifbarkeit. Die Tatsache, dass er Woyzecks

■ Sprache des Hauptmanns

vergleichsweise schlagfertigen Argumenten hinsichtlich der Tugend nichts entgegensetzen kann, ändert hieran nichts.

Sprache des Tambourmajors

Die Sprache des Tambourmajors ist derb, brutal, großsprecherisch und Ausdruck seiner aggressiven Männlichkeit. Da spricht einer, der zwar ungebildet ist, der aber ganz im Militärischen aufgeht und genau daraus Stärke zieht. Verunsicherung kennt die Figur nicht, auch ihre Sprache ist frei davon.

Sprache Woyzecks

Woyzeck dagegen kann kaum als eloquent gelten. Ihn kennzeichnet die Schwierigkeit, sich auszudrücken. Es gelingt ihm nicht, einen vollständigen Gedanken in einem vollständigen Satz zu formulieren. Dies gilt für Woyzeck und die übrigen Figuren seiner sozialen Schicht im Stück überhaupt. Für Woyzeck selbst ist neben der mundartlichen Färbung die fehlerhafte Grammatik, das Stocken, das Sprechen in abgehackten Sätzen, das Verstummen kennzeichnend. In dieser Sprache der »Zuckungen« spiegle sich, so Alfons Glück, die Entfremdung der Figur von sich selbst. Sprache dient Woyzeck nicht als Instrument des Denkens:[14] Er hat keine Kategorien und Begriffe, in denen er denkt, und kann deshalb keinen vollständigen Satz formulieren. Umgekehrt kann er nicht klar formulieren, so dass die Sprache sein Denken nicht strukturiert.

Woyzeck ist seiner Umwelt ausgeliefert, was sich auch in seiner Sprachlosigkeit zeigt. Versuche von

14 Glück (s. Anm. 9), S. 209.

Erklärungen, etwa gegenüber dem Doktor zur Natur (Szene 8), scheitern kläglich. Woyzecks Verwirrung amüsiert den Doktor bloß, und er ist zynisch genug, ihm hierfür eine Zulage zu gewähren. Woyzeck kann seine Ängste nicht explizit artikulieren. Das meiste bleibt unausgesprochen. Woyzecks psychotische Zwänge zeigen sich sprachlich in den Wiederholungen. So wiederholt Woyzeck Maries »immer zu« beim Tanz mit dem Tambourmajor (vgl. Szene 12), und er wiederholt diese Worte auch zwanghaft vor der Mordtat selbst (vgl. Szene 13).

■ Psychotische Schübe

Woyzeck wie Marie, Andres und auch Margreth sprechen Dialekt. Es geht dabei aber nicht darum, die »Sprache des Volkes« aus Büchners südhessischer Heimat wiederzugeben. Es geht nicht um Lokalkolorit. Es wurde bereits darauf hingewiesen, dass bis heute Wortlesungen ungesichert sind und strittig diskutiert werden. Einig ist sich die Forschung zum *Woyzeck* aber doch darin, dass Büchner in einzelnen Passagen sehr bewusst Dialektformen eingesetzt hat. Dies gilt etwa für den Dialog zwischen Marie und Margreth in Szene 2. Marie etwa sagt: »Trag sie ihr Auge zum Jud und lass sie sie putze, vielleicht glänze sie noch« (S. 10). Der Satz zeigt die typischen Formen des südhessischen Dialekts, etwa die Verschleifungen am Wortende, die sich im Drama vielfach finden: »Sonn« statt »Sonne, »Nächt« statt »Nächte«. Dass diese beiden Frauen, die ihr enges Lebensumfeld vermutlich nie verlassen haben, Dialekt sprechen, erscheint unbedingt schlüssig. Das gilt auch für die Sprache Woy-

■ Dialekt

zecks und Andres'. In einigen *Woyzeck*-Editionen der 20er Jahre des letzten Jahrhunderts sprechen die Figuren durchgängig Dialekt. Diese Deutung gilt heute als überholt, weil Büchner dialektale Sprache sehr bewusst eingesetzt hat.

Biblische Bilder als Sprachmuster

In Woyzecks Sprache selbst finden sich vielfach biblische Bilder und Sprachmuster. Der in formaler Hinsicht ungebildete Woyzeck, der sich nur undifferenziert ausdrücken kann und häufig nach Worten sucht, greift auf sprachliche Muster zurück, die ihm, wie den Menschen seiner Herkunft, z. B. durch religiöse Unterweisung zur Verfügung gestanden haben dürften. Auch die Rede des Handwerksburschen in Szene 12, die in einem Wirtshaus spielt, ist mit Redewendungen aus der Bibel durchsetzt, hier freilich ironisch gebrochen. Der Handwerksbursche formuliert die Position, alles in der Natur diene einem höheren Zweck. In der ironischen Brechung zeigt sich Büchners eigene Haltung. Nach seiner Auffassung handelt die Natur nicht zweckgebunden.

Volkslieder als Sprachmuster

Sprachliche Muster stellen auch die Lieder dar, die ausschließlich die Armen im Stück singen. Andres singt in zwei Szenen (Szenen 1 und 11) und auch Marie singt (vgl. Szene 4). Die Lieder spiegeln die jeweilige Stimmung der Figuren. In diesem Sinne ist es bedeutsam, dass Andres zu singen aufhört, als er von Woyzeck angesprochen wird, was einen Stimmungswechsel andeutet. In Szene 1 wechselt seine friedliche Stimmung unmittelbar in Angst: »Ich fürcht mich« (S. 9).

5. Quellen und Kontexte

Drei Mordfälle stellen die historischen Quellen dar, die in die Konzeption des *Woyzeck* eingeflossen sind. Die drei Fälle, Schmolling, Woyzeck, Dieß, wurden zu Büchners Zeit öffentlich umfassend diskutiert. Vielfach finden sich bei Büchner Übernahmen aus den Gerichtsakten bzw. Gutachten. Dabei sind nicht alle Mordfälle gleichermaßen bedeutsam für die *Woyzeck*-Konzeption. Die sicher wichtigste Quelle stellt der Fall des Johann Christian Woyzeck dar, dem Büchner zahlreiche Einzelmotive entnommen hat.

■ Quellen

Der Fall Johann Christian Woyzeck

Johann Christian Woyzeck wurde 1780 in Leipzig geboren. Er begann im Alter von 13 Jahren eine Lehre als Perückenmacher und ging mehrere Jahre auf Wanderschaft, wie dies für Handwerksgesellen üblich war. Während der Koalitionskriege gegen Napoleon diente er als einfacher Soldat in verschiedenen Armeen.

■ Der Fall Woyzeck

Die Gutachten über Johann Christian Woyzeck vermerken erste Depressionen und Verstörtheit für das Jahr 1810. In diesem Jahr brachte seine damalige Geliebte ein gemeinsames Kind zur Welt. Sie ließ sich aber weiterhin auch mit anderen Soldaten ein. Johann Christian Woyzeck reagierte darauf, indem er trank und erstmals straffällig wurde. In der Folge wurde er unehrenhaft aus der Armee entlassen. 1818 kehrte er in seine Heimatstadt Leipzig zurück, wo er

Abb. 2: Johann Christian Woyzeck.
Anonymer Stich, 1824

arbeits- und obdachlos lebte. Er ging ein Verhältnis mit Johanna Christina Woost ein, der Stieftochter seines letzten Lehrherrn. Johanna Christina Woost hatte neben dem Verhältnis zu Woyzeck weitere Beziehungen, auf die Woyzeck eifersüchtig reagierte. Körperliche Misshandlungen der Geliebten sind belegt. Am 21. Juni 1821 erstach Johann Christian Woyzeck die 46-jährige Johanna Cristina Woost. Er wurde unmittelbar nach der Tat gefasst. Woyzeck war zu diesem Zeitpunkt 41 Jahre alt. Drei Jahre später, im August 1824, wurde Johann Christian Woyzeck in Leipzig vor 5000 Schaulustigen mit dem Schwert hingerichtet.

Im Prozess tauchte sehr schnell die Frage nach Woyzecks Zurechnungsfähigkeit auf. So machte einer seiner ehemaligen Zimmerwirte auf seine Wahnvorstellungen aufmerksam. Das Gericht beauftragte den Leipziger Gerichtsmediziner Hofrat Dr. Clarus mit der Erstellung eines psychologischen Gutachtens.[15] In kurzer Abfolge fanden zwischen Ende August und Anfang September fünf Sitzungen zwischen Clarus und Woyzeck statt. In seinem Gutachten, das Clarus noch im September einreichte, kam er zu dem Ergebnis, dass Woyzeck voll schuldfähig sei. Auf dieser Grundlage wurde Woyzeck zum Tode verurteilt. Die Verteidigung erwirkte zwar einen Aufschub der Vollstreckung und auch eine Wiederaufnahme des Ver-

■ Psychologisches Gutachten

15 Zum Clarus-Gutachten: Johann Christian August Clarus, »Die Zurechnungsfähigkeit des Mörders Johann Christian Woyzeck nach Grundsätzen der Staatsarzeneikunde aktenmäßig erwiesen von Dr. Johann Christian August Clarus«, in: *Zeitschrift für Staatsarzeneikunde*, hrsg. von Adolf Henke, 4. Ergänzungsheft, Erlangen 1825, S. 1–97, zitiert nach: Lothar Bornscheuer, *Georg Büchner, »Woyzeck«. Erläuterungen und Dokumente.* Stuttgart 1972, S. 60–64.

fahrens, in dessen Verlauf Clarus ein weiteres Gutachten mit identischem Ergebnis erstellte, konnte aber keine Revision des Urteils erreichen.

Gutachten-Debatte

Clarus veröffentlichte beide Gutachten. Das zweite Gutachten erschien im August 1824 als Buch und wurde später in der *Zeitschrift für Staatsarzeneikunde* publiziert, für die auch Büchners Vater schrieb (vgl. Kap. 7, S. 78). Die Veröffentlichung löste eine wissenschaftliche Debatte aus. 1825 verfasste Dr. Carl Moritz Marc, »Landgerichtsphysikus« aus Bamberg, eine Gegenschrift unter dem Titel: *War der am 27ten August 1824 hingerichtete Mörder Johann Christian Woyzeck zurechnungsfähig?*[16] Es folgten weitere Schriften verschiedener Autoren, in denen für oder gegen Clarus Partei ergriffen wurde. In der Debatte spielten neben medizinischen Fragestellungen schließlich auch Fragen der Moral eine wichtige Rolle. So schrieb ein Verteidiger Clarus': »Dass also Woyzeck's Hass (Aufgebrachtheit) gegen die Woostin *schon lange* bestand, ist kein Entschuldigungsgrund. Er *sollte* diese Stimmung als Vernunftwesen, als Christ nicht pflegen«.[17]

16 C. M. Marc, *War der am 27ten August 1824 in Leipzig hingerichtete Mörder Johann Christian Woyzeck zurechnungsfähig? Enthaltend eine Beleuchtung der Schrift des Herrn Hofrath Dr. Clarus »Die Zurechnungsfähigkeit des Mörders Johann Christian Woyzeck ...«*, Bamberg 1825 [80 Seiten], zitiert nach: Bornscheuer (s. Anm. 15), S. 62.

17 Johann Christian August Heinroth, *Über die gegen das Gutachten des Herrn Hofrath D. Clarus von Herrn Dr. C. M. Marc in Bamberg abgefaßte Schrift: War der am*

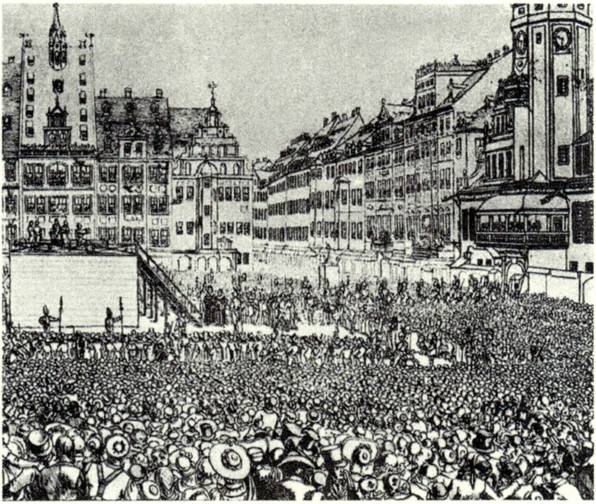

Abb. 3: Öffentliche Hinrichtung Woyzecks mit dem Schwert am 27. August 1824 in Leipzig. Federlithographie von Christian Gottfried Heinrich Geißler, 1824

Für Büchner stellte insbesondere das zweite Clarus-Gutachten eine wichtige Quelle dar. Woyzecks Visionen, der Freimaurer-Aberglaube und der Verfolgungswahn sind direkte Entlehnungen aus dem zweiten Clarus-Gutachten, ebenso die Figur des Tambourmajors, das uneheliche Kind, die fehlende Heiratsfähigkeit der einfachen Soldaten und die Verwirrung. Auch

Entlehnungen aus Gutachten

27. August 1824 zu Leipzig hingerichtete Mörder J. C. Woyzeck zurechnungsfähig? Leipzig 1825 [69 Seiten], S. 25, zitiert nach: Bornscheuer (s. Anm. 16), S. 65.

die gehetzten Bewegungen (erstes Clarus-Gutachten), die Veränderungen des Gemütszustandes, Halluzinationen und Eifersucht stellen Motiv-Entlehnungen dar. Übernommen wurden auch Formulierungen des historischen Woyzeck, die im Clarus-Gutachten zitiert sind.

Die Fälle Daniel Schmolling und Johann Dieß

■ Die weiteren Mordfälle

Zwei weitere Mordfälle haben Büchner zu seinem Drama angeregt: die Mordfälle Daniel Schmolling und Johann Dieß. Auch in diesen Fällen, in denen es um Morde an Geliebten ging, stand die Frage der Zurechnungsfähigkeit der Täter im Zentrum des Prozesses. Wie Johann Christian Woyzeck wurde auch Schmolling zunächst zum Tode verurteilt, obgleich der bestellte Gutachter zum Ergebnis kam, Schmolling sei im Augenblick der Tat nicht zurechnungsfähig gewesen. Gegen dieses Urteil ging die Staatsanwaltschaft in Revision und setzte sich mit ihrer Forderung nach der Todesstrafe durch. Dem widersprach wiederum der medizinische Gutachter, und es kam zu weiteren gerichtlichen Auseinandersetzungen. Schließlich wurde die Todesstrafe auf Geheiß des Königs in eine lebenslängliche Zuchthausstrafe umgewandelt. Im Zuchthaus ermordete Schmolling einen Mitgefangenen.

■ Der Fall Schmolling

Den Prozessakten des Falles Schmolling entnimmt Büchner viele Einzelaspekte des Mordgeschehens: Abend, Spaziergang vor die Stadt, Hilferufe der Ermordeten, woraufhin Leute hinzukommen, und die Flucht des Täters.

Johann Dieß

Der Leinewebergeselle Johann Dieß wurde für den Mord an seiner Geliebten nach Einholung von Gutachten, die zu widersprüchlichen Ergebnissen kamen, im Oktober 1831 zu einer 18-jährigen Zuchthausstrafe verurteilt. Dieß starb 1834 im Zuchthaus, sein Leichnam wurde in das »anatomische Theater in Gießen« (Hörsaal der medizinischen Fakultät der Universität Gießen) überführt und dort obduziert.

Der Ausgangspunkt für die Auseinandersetzung mit den Mordfällen und der öffentlichen Debatte dürfte für Büchner der Fall Dieß gewesen sein. Büchner hält sich zur Zeit der Überführung des Leichnams in Darmstadt bzw. zum Studium in Gießen auf. Es ist nicht auszuschließen, dass Büchner an der Obduktion des Dieß selbst teilgenommen hat. Ebenso hat Büchner die im Frühjahr 1836 publizierten Gutachten zum Fall gekannt, in denen explizit auf den Fall Woyzeck und die Clarus-Gutachten Bezug genommen wird. Dies könnte der Ausgangspunkt für die Beschäftigung mit dem Fällen Woyzeck und Schmolling sein.

Büchners Beschäftigung mit den Gutachten

Einige Monate nach Publikation der Gutachten zum Falls Dieß, nämlich im Juni 1836, schreibt Büchner an den Schriftsteller Karl Gutzkow, er sei mit »Ferkeldramen« beschäftigt. Und im September desselben Jahres schreibt er an seinen Bruder Wilhelm Büchner, er sei »gerade daran, sich einige Menschen auf dem Papier totschlagen oder verheiraten zu lassen«. Es ist nicht gänzlich sicher, aber doch wahr-

Planung eines Dramas

scheinlich, dass Büchner hier neben dem Drama *Leonce und Lena*, in dem geheiratet wird, seine Arbeit am *Woyzeck* meint. Gutzkow übrigens antwortet auf die Ankündigung der »Ferkeldramen«, er erwarte von Büchner mehr als »Ferkelhaftes«. Zieht man den Satz des kurz vor der Hinrichtung stehenden Hérault in Büchners Geschichtsdrama *Dantons Tod* heran, der sagt: »Sind wir wie Ferkel, die man für fürstliche Tafeln mit Ruten totpeitscht, damit ihr Fleisch schmackhafter werde?« (IV, 5), so wird deutlich, dass mit der Bezeichnung »Ferkeldrama« auf Politisches verwiesen wird, auf Herrschaftsverhältnisse, die im *Woyzeck* thematisiert werden.

Weitere Figurenvorbilder

Als Vorbilder für die Figur des Doktors werden verschiedentlich Professoren genannt, u. a. Justus Liebig (1803–1873), ein Chemiker, der in Gießen lehrte. Die Universitär Gießen trägt heute seinen Namen. Liebig führte ernährungsphysiologische Experimente u. a. mit Harnstoff durch. So untersuchte er vergleichend den Harnstoff von Pflanzen- und Fleischfressern. Auffällig sind die Ähnlichkeiten zwischen den Ausführungen des Doktors im *Woyzeck* »Harnstoff, 0,10, salzarmes Ammonium, Hyperoydul« (Szene 8, S. 19) und Veröffentlichungen Liebigs zu diesem Gebiet.

6. Interpretationsansätze

Der Dramatiker als Geschichtsschreiber

»Der dramatische Dichter ist in meinen Augen nichts als ein Geschichtsschreiber, steht aber über Letzterem dadurch, dass er uns die Geschichte zum zweiten Mal erschafft und uns gleich unmittelbar, statt eine trockene Erzählung zu geben, in das Leben einer Zeit hineinversetzt, uns statt Charakteristiken Charaktere und statt Beschreibungen Gestalten gibt. Seine höchste Aufgabe ist es, der Geschichte, wie sie sich wirklich begeben, so nahe als möglich zu kommen.«[18]

Büchners Selbstverständnis als Dichter

Diese gewissermaßen programmatische Aussage Büchners, in der er also sein Selbstverständnis als Dichter darlegt, ermöglicht einen unmittelbaren Zugang zum Verständnis des *Woyzeck*-Fragments. Sie eröffnet einen Deutungshorizont, der im Folgenden ausgeführt wird.

Büchners *Woyzeck* ist angeregt durch historische Mordfälle und der umfassenden öffentlichen und wissenschaftlichen Diskussion dieser Fälle sowie der Urteile, die über die Täter gesprochen wurden. Eine Reihe von Dokumenten zu den Mordfällen lagen Büchner vor, die auch in das Drama eingeflossen

18 Georg Büchner, Brief an die Familie vom 28. Juli 1835, zitiert nach: Büchner (s. Anm. 8).

Dokumentarisches Drama und literarische Stellungnahme zum Zeitgeschehen

sind.[19] Dies zeigt sich in Motiven und in der Übernahme von Formulierungen aus den Gutachten, hier insbesondere aus dem Clarus-Gutachten zum Fall des historischen Woyzeck. Bedeutsam für das Verständnis der literarischen Figur Woyzeck ist die wissenschaftlich und in der Öffentlichkeit strittig diskutierte Frage nach der Schuldfähigkeit der Täter. Hierzu wurden die Begleitumstände der Taten sowie die psychische Verfassung der Täter begutachtet. In dieser Weise geht auch Büchner in seinem Dramenfragment *Woyzeck* vor und nimmt so zu einer zeitgenössischen Diskussion literarisch Stellung. Er vollzieht im literarischen Feld, was die Gutachter in den realen Mordfällen taten. Die Aufgabe des Dichters als Geschichtsschreiber ist die Analyse von Umständen, also der konkreten Lebensbedingungen und des gesellschaftlichen Umfeldes mit seinen Normen, sowie die Diagnose der körperlichen und geistigen Verfassung des Täters. Wie kommt es zur Tat? Oder, um mit Büchner zu fragen: »Was ist das, was in uns lügt, mordet, stiehlt?«[20]

These: Woyzeck ist nicht schuldfähig.

Büchners Schlussfolgerung in seinem Dramenfragment *Woyzeck* unterscheidet sich grundlegend von der Schlussfolgerung, die Clarus in seinem Gutachten zum Fall des historischen Johann Christian Woyzeck zog. Clarus hielt den historischen Woyzeck für schul-

19 Vgl. hierzu Kap. 5, das die Quellen und die Stoffgeschichte ausführlich darlegt.

20 Georg Büchner, Brief an die Braut Januar 1834 (sogenannter »Fatalismusbrief«), zitiert nach: Büchner (s. Anm. 8), S. 53 f.

dig und schuldfähig. In seiner Begründung und auch in der öffentlich geführten wissenschaftlichen Debatte um den Fall spielte für dieses Urteil die moralische Bewertung des Lebenswandels des »Delinquenten« eine Rolle. Ihm wurde ein unmoralischer und unsittlicher Lebenswandel attestiert und die Tat als Folge dieses Lebenswandels gedeutet. Büchner kommt zu einem gänzlich anderen Ergebnis: Sein Woyzeck ist schuldig, aber er ist nicht schuldfähig.

Woyzecks Krankheit – eine Psychose

Symptome der Krankheit

Büchners Woyzeck ist krank. Die Ursachen dieser Krankheit deckt Büchner im Drama auf: Woyzeck zeigt hier durchgängig Symptome einer Psychose, einer schweren seelischen Erkrankung. Die Symptome der Erkrankung – Wahnvorstellungen, Verstörungen und Visionen – sind von Anfang an vorhanden und werden von Büchner auch aus den Gutachten übernommen. Bereits in der ersten Szene wähnt sich Woyzeck in Vorwegnahme seines Schicksals auf einem Gerichtsplatz und spricht von einem »Streif über [dem] Gras« – eine direkte Übernahme aus dem Clarus-Gutachten. Woyzeck hat Angst vor den Freimaurern und hört Stimmen: »Andres, das waren die Freimaurer, ich hab's, die Freimaurer, still! […] Es geht hinter mir, unter mir […] hohl, hörst du? Alles hohl da unten. Die Freimaurer!« (S. 9). Büchner greift mit

■ Wahnvorstellungen, Verstörungen, Visionen

diesem Motiv weitverbreitete Gerüchte über die in Geheimlogen organisierten Freimaurer auf. Insbesondere die Geheimhaltung dieser Organisationen führte dazu, dass die Kirche gegenüber den Freimaurern sehr kritisch eingestellt war und die Bevölkerung ihnen allerlei dunkle Machenschaften unterstellte. Im Zusammenhang mit den Stimmen, die er hört, formuliert Woyzeck in dieser (ersten) Szene die Angst vor einem göttlichen Strafgericht und dem Untergang der Welt: »Ein Feuer fährt um den Himmel und ein Getös herunter wie Posaunen. [...] Still, alles still, als wär die Welt tot« (S. 9). Solche Symptome sind typisch für eine seelische Störung; sie erfahren im Drama eine Steigerung bis hin zum endgültigen Ausbruch der Krankheit.

Maries Untreue als Auslöser

Woyzeck erleidet einen schweren psychotischen Schub, als er Maries Untreue entdeckt bzw. vom Hauptmann darauf hingewiesen wird:

> »Wie is Woyzeck hat er noch nicht ein Haar aus einem Bart in seiner Schüssel gefunden? He er versteht mich doch, ein Haar von einem Menschen, vom Bart eines Sapeur, eines Unterofficier, eines – eines Tambourmajor? He Woyzeck? [...] aber wenn er sich eilt und um die Eck geht, so kann er vielleicht noch auf Paar Lippen eins finden, ein Paar Lippen, Woyzeck [...].« (S. 22)

Sogar der rücksichtlose und ganz ichbezogene Hauptmann nimmt die Wirkung seiner genauso beiläufig wie gehässig gesprochenen Worte wahr: »Kerl er ist ja kreideweiß« (S. 9). Und Woyzeck sagt dann ganz direkt, was Maries Untreue für ihn bedeutet: »Herr Hauptmann, ich bin ein armer Teufel, – und hab sonst nichts – auf der Welt Herr Hauptmann, wenn Sie Spaß machen –« (S. 22). Es entzieht ihm den Boden unter den Füßen, und er verzweifelt:

> »Sehn Sie so ein schönen, festen grauen Himmel, man könnte Lust bekommen, einen Kloben hineinzuschlagen und sich daran zu hängen, nur wegen des Gedankenstrichels zwischen Ja, und nein, ja – und nein, Herr Hauptmann ja und nein?« (S. 23)

Als Woyzeck dann mit eigenen Augen Marie und den Tambourmajor beim Tanz sieht, wird ihm Maries »Immer zu« (S. 27) geradezu zum Mantra. Er wiederholt es unaufhörlich und hört erneut Stimmen, die ihm nun den Befehl zu geben scheinen, Marie zu töten: »He was, was sagt ihr? Lauter, lauter, stich, stich die Zickwolfin tot? stich, stich die Zickwolfin tot. Soll ich? Muss ich? Hör ich's da noch, sagt's der Wind auch? Hör ich's immer, immer zu, stich tot, tot« (S. 28). Die Untreue Maries, der Verrat, der damit einhergeht, bringt seine Welt endgültig zum Einsturz. Er sagt es selbst: Er hat nichts anderes als Marie auf der Welt.

Mehr als Eifersucht

Diese Aussage nur als die eines eifersüchtigen Mannes zu lesen, wäre falsch. Natürlich ist Woyzeck eifersüchtig, wie beispielsweise seine Auseinandersetzung mit dem Tambourmajor zeigt (Szene 15). Und seine Gewalt gegen Marie ist durchaus sexualisiert. Auch geht er planmäßig vor: Er kauft die Mordwaffe (Szene 16), macht sein Testament (Szene 18) und führt Marie vor die Stadt in der Absicht, sie zu töten: »Marie wir wollen gehn 's ist Zeit« (Szene 19, S. 33). Er bezeichnet sie als Hure und wirft ihr somit nochmals Untreue vor: »Heiß, heißer Hurenatem« (S. 33).

Aber es ist eben doch mehr als Eifersucht. Woyzeck verliert tatsächlich den letzten Halt in einer für ihn ohnehin mehr als brüchigen Welt. Es ist allein die große Mühe, mit der er versucht, seine kleine Familie mit dem Notwendigsten zu unterstützen, die in seinem Leben als etwas nicht Entfremdetes erscheint. Denn hierin zeigt sich eine natürliche und positive Beziehung zu anderen Menschen, denen er sich aus eigenem Wollen heraus zuwendet. Da sorgt einer für die, die ihm lieb sind, so gut er eben kann. Als er sich auch hier betrogen und hintergangen findet, erleidet er einen psychotischen Schub. Haben sich seine Wahnvorstellungen bislang gewissermaßen nach innen gerichtet, so wenden sie sich nun aggressiv nach außen; die Krankheit treibt ihn endgültig in die Katastrophe.

Folgt man dieser Argumentation, so kann Woyzeck nicht als Eifersuchtsdrama gelesen werden, jedenfalls nicht in erster Linie. Die Untreue Maries stellt dann lediglich einen Auslöser dar für den endgültigen Ausbruch der Krankheit.

Ursachen der Krankheit

Was sind die Ursachen der Krankheit, unter der Woyzeck leidet? Der Dramatiker Büchner als ein Geschichtsschreiber identifiziert ein ganzes Bündel an Ursachen, die geeignet sind, die schwere seelische Erkrankung Woyzecks zu erklären. Der Mediziner Büchner, der in Straßburg, Gießen und Zürich studierte, kennt wiederum die medizinischen Ausprägungen der Krankheit und zeigt sie im *Woyzeck* in ihrer Komplexität: körperliche Schwäche bzw. Krankheit sowie seelischer und sozialer Druck. Dies alles resultiert aus Woyzecks Lebenssituation, die von Armut, Arbeit, Ausbeutung, Unterdrückung und Entfremdung gekennzeichnet ist.

Armut, Arbeitszwang und Ausbeutung: Diese drei Faktoren bilden nicht nur eine Folie, vor der sich das dramatische Geschehen entfaltet, sondern sind vielmehr allgegenwärtig und aufs Engste miteinander verknüpft. Die Armut erzeugt den Zwang, jede Möglichkeit zum Verdienst, und sei dieser noch so gering, wahrzunehmen. Allein vier Tätigkeiten werden im Text ausdrücklich genannt, denen Woyzeck nachgehen muss: Im Hauptberuf ist er Soldat, daneben rasiert er seinen Hauptmann, stellt sich dem Doktor für Experimente zur Verfügung und verrichtet zusätzlich Handlangerdienste für ihn (Szene 10). Inwieweit das Stöckeschneiden Teil seines Soldatendienstes ist oder eine zusätzliche Arbeit darstellt, ist nicht zu entschei-

■ Arbeitszwang

den. Es könnte aber durchaus als Hinweis dafür gelesen werden, dass es mit den vier ausdrücklich genannten Arbeiten nicht getan ist. Von keiner dieser Tätigkeiten allein kann er leben, alle zusammen sichern den Lebensunterhalt so gerade eben. So stellt Woyzeck mit Blick auf seinen schlafenden Sohn fest: »alles Arbeit unter der Sonn, sogar Schweiß im Schlaf. Wir arme Leut!« (Szene 4, S. 15) und gegenüber dem Hauptmann in der Folgeszene: »wenn wir in Himmel kämen, so müssten wir donnern helfen« (S. 16). Das Diesseits ist Mühsal und das Jenseits kein Versprechen auf Belohnung für all die Mühe. So gibt es für Woyzeck – wie für die anderen armen Leute im Stück überhaupt – aus dem Zusammenhang von Armut und Arbeit kein Entrinnen.

■ Arbeitshetze

Woyzeck hetzt von einer Tätigkeit zur anderen und hat keine Zeit, etwa für Marie und das Kind. »Ich muss fort« (S. 11), sagt er in Szene 2, als er kurz bei Marie vorbeischaut, und wiederholt dies auch in Szene 4, als er ihr seinen geringen Lohn vorbeibringt. Er verrichtet seine Arbeiten in Eile, weil immer schon die nächste auf ihn wartet. Seine Hast fällt auch dem Hauptmann auf: »Langsam, Woyzeck, langsam; ein's nach dem andern; Er macht mir ganz schwindlich. Was soll ich dann mit den zehn Minuten anfangen, die er heut zu früh fertig wird? Woyzeck, bedenk' er, er hat noch seine schöne dreißig Jahr zu leben, [...] Was will er denn mit der ungeheuren Zeit all anfangen? Teil er sich ein, Woyzeck« (S. 15), lässt Büchner den Hauptmann in der »Rasierszene« einleitend sagen. »Auf die Frage, was mit der eingesparten Zeit anzufangen wäre, kann es aus Woyzecks Perspektive nur eine Antwort geben: Arbeit. Für ihn käme aufgrund seiner prekären Lebensumstände nichts anderes in Frage.

Dass Büchner gerade den Hauptmann so sprechen lässt, hat einen besonderen dramaturgischen Effekt. Nicht nur wird Woyzecks Arbeitshetze daran deutlich, sondern auch die Diskrepanz zwischen dem armen Schlucker Woyzeck und seinem Vorgesetzten. Der Hauptmann wird in seinem Nichtstun, seiner Langeweile und faulen Saturiertheit entlarvt. Nichts auf der Welt interessiert ihn, schon gar nicht der Soldat Woyzeck, dem er dessen Not noch zum Vorwurf macht und zum moralischen Makel erklärt: »Woyzeck er sieht immer so verhetzt aus, ein guter Mensch tut das nicht, ein guter Mensch, der sein gutes Gewissen hat« (S. 16). Dass er zudem erwartet, von Woyzeck unterhalten zu werden (»Red' er doch was Woyzeck«), weil er selbst gar nichts mit sich anzufangen weiß, und sich noch über Woyzeck lustig macht (»Ha! ha! ha! […] O er ist dumm, ganz abscheulich dumm«, S. 16), wirft ein zusätzliches entlarvendes Licht auf den Hauptmann und lässt Woyzecks erbarmungswürdige Situation umso schärfer hervortreten.

■ Diskrepanz zwischen Woyzeck und Hauptmann

Und Woyzeck hetzt weiter: zum Doktor (Szene 8), dann später vorbei an Hauptmann und Doktor, die Zeit für einen Plausch auf der Straße haben (Szene 9): »Ha Woyzeck, was hetzt er sich so an mir vorbei. Bleib er doch Woyzeck, er läuft ja wie ein offnes Rasiermesser durch die Welt« (S. 22), ruft der Hauptmann ihm hinterher, doch Woyzeck ist schon wieder unterwegs und bald auf dem Weg zur nächsten Tätigkeit im »Hof des Professors« (Szene 10). Diese Arbeiten verrichtet er neben seinem Soldatendienst, der seinerseits durch strikte militärische Disziplin gekennzeichnet ist und z. B. auch Verfügbarkeit am Sonntag von ihm verlangt (Szene 11, »Sonntagssonnwetter«). Dass die militärische Disziplin streng eingehalten werden muss, wird bereits in der ersten Szene deutlich: Der Zapfenstreich ruft ihn und Andres in die Kaserne. Dem militärischen Signal nicht Folge zu leisten, erscheint undenkbar (Andres: »Hörst du? Sie trommeln drin. Wir müssen fort«, S. 9), obgleich sich beide in dieser Szene in einer psychischen Ausnahmesituation befinden. So hat Woyzeck Todesvisionen, die auch auf Andres nicht ohne Wirkung bleiben – auch er fürchtet sich.

■ Militärische Disziplin

Die Tatsache, dass mit all der Arbeit nichts zu verdienen ist, dass auch noch so viel Arbeit kein Entkommen aus der prekären Situation ermöglicht, wird durch Woyzecks Testament unterstrichen, mit dem er gewissermaßen nochmals die Summe seines Lebens zieht (Szene 18). Es bleibt die nackte Aufzählung der Daten: »Friedrich Johann Franz Woyzeck, geschworner Füsilier im 2. Regiment, 2. Bataillon 4. Compagnie, geboren Mariae Verkündigung ich bin heut den 20. Juli alt 30 Jahre 7 Monat und 12 Tage« (S. 31). Sein Besitz zu diesem Zeitpunkt: »Das Kamisolchen Andres, ist nit zur Montour, du kannst's brauchen Andres. Das Kreuz

■ Kein Entkommen

is meiner Schwester und das Ringlein, ich hab auch noch ein Heiligen, zwei Herzen und schön Gold, es lag in meiner Mutter Bibel« (S. 31). Mehr hat Woyzeck nicht.

Und auch den anderen Armen im Stück geht es nicht besser. Andres kann die abgelegte Jacke Woyzecks brauchen. Marie wiederum hat nur ein »Stückchen Spiegel« (S. 14), um sich darin zu betrachten, was auf ihre ärmlichen Lebensverhältnisse verweist. Auch sie weiß, dass es aus dieser Armut kein Entkommen gibt: »Unsereins hat nur ein Eckchen in der Welt und ein Stückchen Spiegel« (S. 14).

Entmündigung, Abwertung und Ausbeutung: Zwang zur Arbeit und Arbeitshetze durch ein schier unmenschliches Arbeitspensum sind die eine Seite. Hinzu kommen Entmündigung und Ausbeutung, die sich aus der Struktur der Arbeitsverhältnisse selbst ergeben.

Woyzeck ist ein einfacher Soldat, ein Füsilier. Die militärische Disziplin, der er unterliegt, lässt schon im Grundsatz keine Form der Selbstbestimmung zu; schon gar nicht im Militär der Zeit des Vormärz, das Büchner vor Augen gestanden haben muss. Soldaten gelten als »unterst Stuf von menschliche Geschlecht« (S. 12), wie es der Marktschreier unter Verweis auf einen in eine Uniform gekleideten Affen in Szene 3 formuliert, der allein durch die Uniform diese Stufe schon erreicht habe. Entsprechend werden Soldaten behandelt. Woyzecks stereotypes »Ja wohl« (S. 15) zeigt die Unterwerfung unter die Autorität des Vor-

■ Entmündigung durch das Militär

gesetzten. Dieser Vorgesetzte, der Hauptmann, erscheint auf den ersten Blick gutmütig, spricht er doch Woyzeck direkt an, ist über dessen Verhältnisse informiert und zeigt sich scheinbar besorgt: »Du bist ein guter Mensch, ein guter Mensch. Aber du denkst zu viel, das zehrt, du siehst immer so verhetzt aus« (S. 17). Insgesamt erscheint der Hauptmann als eine wenig bedrohliche, ja lächerliche Gestalt. Er liegt am Fenster, blickt den Frauen hinterher und weiß nichts mit seiner Zeit anzufangen, präsentiert sich dabei selbst als Vertreter bürgerlicher Werte und Moral. Dabei macht er auf ihm gesellschaftlich gleichgestellte Figuren, etwa den Doktor, wenig Eindruck. So erklärt dieser bei einer ärztlichen Untersuchung mitleidlos und gleichgültig:

> »Hm, aufgedunsen, fett, dicker Hals, apoplektische Konstitution. Ja Herr Hauptmann sie können eine Apoplexia cerebralis kriechen, sie können sie aber vielleicht auch nur auf einer Seite bekommen, und dann auf der einen gelähmt sein, oder aber sie können im besten Fall geistig gelähmt werden und nur fortvegetieren, das sind so ohngefähr ihre Aussichten auf die nächsten vier Wochen.« (S. 21)

Der Hauptmann selbst hat keine Schwierigkeit damit, gegenüber dem Doktor die Begrenztheit seiner militärischen Karriere und seine eigene Feigheit zuzugeben:

»[…] ein guter Mensch ist dankbar und hat sein Leben lieb, ein guter Mensch hat keine Courage nicht! […] Ich bin bloß in Krieg gangen um mich in meiner Liebe zum Leben zu befestigen. Von der Angst zur Angst, von da zum Krieg, von da zur Courage, wie man zu so Gedanken kommt, grotesk! grotesk!« (S. 23)

Es wäre aber falsch, daraus zu schließen, es handle sich bei diesem Vorgesetzten um eine harmlose Person. Da gibt sich einer jovial und väterlich. Aber diese scheinbare Freundlichkeit setzt die völlige Entmündigung Woyzecks schon voraus. An der Überlegenheit des Hauptmanns gibt es keinen Zweifel – für ihn nicht und auch für Woyzeck nicht.[21] Der Hauptmann fühlt sich gegenüber Woyzeck ganz frei, er kann nach Belieben mit ihm verfahren. Und so wechselt in Szene 5 scheinbare Freundlichkeit, die sich in müßigem Geplapper zeigt, übergangslos in Abwertung, indem er Woyzeck ganz unbekümmert dumm nennt (»O er ist dumm, ganz abscheulich dumm«, S. 16). Für den Hauptmann ist dies alles nur ein Spiel. Sein Spielzeug ist Woyzeck, auf den er herabsieht. Dass sich der Hauptmann aufgrund der Gestaltung der Szene selbst als Dummkopf erweist, während Woyzeck die realen Verhältnisse wahrnimmt, ist ein besonderer dramaturgischer Kniff:

21 Glück (s. Anm. 9), S. 193 f.

»Wir arme Leut. Sehn sie, Herr Hauptmann, Geld, Geld. Wer kein Geld hat. [...] Sehn Sie wir gemeinen Leut, das hat keine Tugend, es kommt einem nur so die Natur, aber wenn ich ein Herr wär und hätt ein Hut und eine Uhr und en Anglaise und könnt vornehm reden, ich wollt schon tugendhaft sein. Es muss was Schöns sein um die Tugend, Herr Hauptmann. Aber ich bin ein armer Kerl.« (S. 16 f.)

Gegen diese Obrigkeit, gleich in welcher erbärmlichen Gestalt sie sich zeigt, ist nicht anzukommen.

Moral als Mittel der Unterdrückung

Die Passage verdeutlicht darüber hinaus, dass Woyzeck die Verhältnisse im Grunde akzeptiert. Zwar bemerkt (erkennt?) er, dass Tugend und Moral und die daraus resultierenden gesellschaftlichen Normen und Werte die der Reichen sind und nicht für die Armen gemacht, dennoch stellt er diese Werte nicht in Frage, er weist sie auch nicht zurück. Besonders interessant ist in diesem Zusammenhang Woyzecks Reaktion, als der Hauptmann ihm nach eigenen Maßstäben unmoralisches Leben vorhält: »Woyzeck, er hat keine Moral! [...] Er hat ein Kind, ohne den Segen der Kirche, wie unser hochehrwürdiger Herr Garnisonsprediger sagt, ohne den Segen der Kirche« (S. 16). Woyzecks Antwort: »Herr Hauptmann, der liebe Gott wird den armen Wurm nicht drum ansehn, ob das Amen darüber gesagt ist, eh' er gemacht wurde. Der Herr sprach: lasset die Kindlein zu mir kommen« (S. 16). Woyzeck führt einen gütigen »lieben Gott« gegen die strikte normative Auslegung des Gottesglaubens durch die

Institution Kirche (Garnisonsprediger) an. Er unterscheidet also zwischen einem privaten und einem institutionell legitimierten Gottesglauben. Dabei wendet er sich jedoch nicht gegen die Institution Kirche und ihre Repräsentanten, die gesellschaftlich der Oberschicht angehören, sondern akzeptiert, dass diese Werte und Normen und daraus abgeleitete Verhaltensregeln festlegen, an die er und die Seinen sich aufgrund ihrer Lebenssituation nicht halten können, aber doch sollten.

Dass er diese Wertvorstellungen sehr wohl verinnerlicht hat, wird in seiner Reaktion auf Maries Untreue deutlich. Bereits als er nur ahnt, dass Marie ein Verhältnis mit dem Tambourmajor eingeht, verurteilt er dies als Sünde: »Eine Sünde so dick und so breit. (Es stinkt dass man die Engelchen zum Himmel hinausräuchern könnt.) […] Adieu, Marie, du bist schön wie die Sünde – Kann die Todsünde so schön sein?« (S. 18). Er argumentiert hier ganz ähnlich wie der Hauptmann, der von ihm, indem er ihm Unmoral vorwirft, verlangt, auf sexuelle Bedürfnisse ganz zu verzichten, wie er es angeblich selbst tut: »Wenn ich am Fenster lieg […] und den weißen Strümpfen so nachsehe, wie sie über die Gassen springen, – verdammt Woyzeck, – da kommt mir die Liebe. Ich hab auch Fleisch und Blut. Aber Woyzeck, die Tugend, die Tugend!« (S. 16 f.). Weist Woyzeck diese Forderung dem Hauptmann gegenüber selbst noch zurück, so wendet er sie doch gegen Marie an:

»Immer zu – immer zu. (Fährt heftig auf und sinkt zurück auf die Bank.) Immer zu immer zu, [...] dreht Euch, wälzt Euch. Warum bläst Gott nicht die Sonn aus, dass alles in Unzucht übernanderwälzt, Mann und Weib, Mensch und Vieh. Tut's am hellen Tag, tut's einem auf den Händen, wie die Mücken. – Weib – Das Weib ist heiß, heiß!« (S. 27)

Desorientierung durch geltende Werte

Seine Akzeptanz der geltenden Wertvorstellungen hilft ihm dabei allerdings nicht, sich in der Situation zurechtzufinden. Sie trägt vielmehr, wie etwa Alfons Glück[22] argumentiert, zu seiner weiteren Desorientierung bei, die, ausgelöst durch Maries Untreue, zu einem psychotischen Schub und zur Mordtat führt.

Körperliche Ausbeutung

Zur Entmündigung durch seinen Vorgesetzten und die Verunsicherung durch gesellschaftlich geltende Normen kommt die vollständige körperliche Ausbeutung Woyzecks durch den Doktor hinzu. Der Doktor, der Woyzeck als Versuchs- und Demonstrationsobjekt (Szenen 8 und 10) benutzt, erhebt für zwei Groschen Lohn vollständigen Anspruch auf dessen Körper. Für den Doktor ist Woyzeck nichts anderes als ein »interessanter Casus« (S. 20), an dem er die Wirkung seiner Untersuchungen beobachtet. Die neunzigtägige Erbsendiät hat dramatische Auswirkungen auf Woyzecks Gesundheitszustand, wie der Doktor kalt feststellt: »Woyzeck er hat die schönste Aberratio mentalis partialis, [...] fixe Idee, mit allgemein vernünftigem Zu-

22 Glück (s. Anm. 9), S. 197 f.

stand, er tut noch alles wie sonst, rasiert seinen Hauptmann!« (S. 20). Mit einem gewissen Stolz führt der Doktor in Szene 10 den Studenten Woyzecks erbarmungswürdigen Gesundheitszustand vor:

> »Meine Herrn, […], sehen sie der Mensch, seit einem Vierteljahr isst er nichts als Erbsen, bemerkten [sic!] sie die Wirkung, fühlen sie einmal was ein ungleicher Puls, da und die Augen. […] Courage Woyzeck noch ein paar Tage, und dann ist's fertig, fühlen sie meine Herrn fühlen sie (sie betasten ihm Schläfe, Puls und Busen). […] Sie [die Haare] sind dir ja ganz dünn geworden, seit ein paar Tagen, ja die Erbsen, meine Herrn.« (S. 25 f.)

Der Zwang Geld zu verdienen geht also so weit, dass Woyzeck seinen eigenen Körper verkaufen muss.

Auch dieses Motiv des Ernährungsexperiments weist dokumentarische Züge auf, ist allerdings nicht durch die Gutachten der historischen Mordfälle angeregt. Vielmehr geht es auf andere zeitgenössische Debatten zurück, mit denen sich Büchner auseinandersetzte. Ernährungsexperimente sind für die Zeit Büchners historisch belegt. Die hierfür einschlägige Szene 8 hat vielfältige Interpretationen erfahren, die nicht widerspruchsfrei miteinander zu verbinden sind.

■ Historisch belegte Ernährungsexperimente

Eine Interpretation deutet den Doktor und seine Ausführungen zu Stoffen, die es in der Realität offensichtlich gar nicht gibt (»Hyperodidul«), als Verballhornung der chemischen Nomenklatur (der systematischen Benennung von chemischen Stoffen), wobei dem Doktor selbst die Rolle eines unwissenschaftlichen Dilettanten zukommt. Die Szene wäre dann als eine einzige Satire auf die Wissenschaft zu deuten, in der sich der Doktor durch seine Rede gewissermaßen selbst entlarvt. Nach dieser Lesart wäre sie parallel zur »Rasierszene« konstruiert, in der sich der Hauptmann durch seine Rede bloßstellt.

Andere Deutungen argumentieren, dass die chemischen Experimente im *Woyzeck* auf Stoffwechselversuche verweisen, die Justus von Liebig[23] zur Zeit, als Büchner in Gießen studierte, an Soldaten des hessischen Großherzogs durchführte. In diesem Zusammenhang wurden Erbsen ausdrücklich genannt.[24] An diese Deutung schließen solche an, die ganz den ökonomischen Zweck der Erbsendiät in den Vordergrund stellen. So zielten Experimente darauf, die Kosten für die Verpflegung der Soldaten zu reduzieren, indem das (teurere) Fleisch durch (billigere) Hülsenfrüchte ersetzt wird.[25] Die Wissenschaftsepisode wäre dann, so deutet es Glück, ganz als ein Instrument zu interpretieren, mit dem Büchner Herrschaftsausübung zeigt. Entsprechend schreibt er über die chemischen

23 Justus von Liebig, ab 1845 Freiherr von Liebig (1803–1873) war deutscher Chemiker und Universitätsprofessor in Gießen und München.

24 Vgl. hierzu Kap. 5 »Quellen und Kontexte«; sowie: Bornscheuer (s. Anm. 15), S. 15.

25 Glück (s. Anm. 9), S. 196.

Stoffe, die im Zentrum des Experiments stehen: »Es handelt sich nicht um eine chemische Verbindung, ein Derivat der Hippursäure, sondern sehr viel mehr um einen gesellschaftlichen Zusammenhang, ein Derivat der Herrschaft.«[26]

Bei aller Unterschiedlichkeit in der Akzentuierung bleibt diesen Deutungsansätzen aber doch eines gemeinsam, nämlich die »Verwertung des Arbeitstiers Woyzeck«[27], die in den »Doktorszenen« 8 und 10 deutlich wird.

Die Frage nach Woyzecks Schuldfähigkeit

Darüber hinaus nimmt Büchner in Szene 8 nochmals konkret eine Debatte auf, die das gesamte Drama fundiert. Dies ist die Frage nach der Schuldfähigkeit von Tätern, die zu Büchners Zeit strittig zwischen der Justiz und Vertretern der Gerichtspsychiatrie diskutiert wurde. Zwei Überzeugungen standen sich in dieser Debatte gegenüber: eine eher idealistische und eine eher materialistische. Die Vertreter der idealistischen Position proklamierten das Streben des Menschen nach einem höheren Ideal und argumentierten mit der Freiheit des Willens, der dem Menschen gegeben und von körperlichen und gesellschaftlichen Einflüssen unabhängig sei. Der Doktor argumentiert in Szene 8 in dieser Weise. Als Woyzeck einwendet: »Aber Herr Doctor, wenn einem die Natur kommt«, ant-

■ Freier versus unfreier Wille

26 Glück (s. Anm. 9), S. 195 f.
27 Glück (s. Anm. 9), S. 196.

wortet dieser: »Die Natur kommt, die Natur kommt! Die Natur. Hab' ich nicht nachgewiesen, dass der Musculus constrictor vesicae dem Willen unterworfen ist? Die Natur! Woyzeck, der Mensch ist frei, in dem Menschen verklärt sich die Individualität zur Freiheit. Den Harn nicht halten können!« (S. 19).

Die Vertreter einer materialistischen Position argumentierten, dass die Psyche und somit auch der Wille durch äußere Bedingungen beeinflussbar seien. Wenn Grundbedürfnisse, etwa Hunger, nicht befriedigt werden könnten, bleibe kein Raum für freie Entscheidung und dem Streben nach höheren Idealen. Büchner war ein Vertreter dieser Minderheitenposition, die sich gleichwohl einige Geltung verschafft hatte. Sein Menschenbild war deterministisch, d. h. er ging davon aus, dass Ereignisse bzw. das Verhalten der Menschen durch Vorbedingungen festgelegt sind. In einem Brief an die Eltern schreibt er im Februar 1834 über das menschliche Verhalten: »[…] weil wir durch gleiche Umstände wohl Alle gleich würden, und weil die Umstände außer uns liegen.« Die Umstände sind die konkreten Lebensbedingungen. In der Figur des Woyzeck zeigt er diesen Zusammenhang auf.

■ Der Zusammenhang zwischen Armut, Arbeit und Krankheit

Dieser Woyzeck ist demnach nicht zufällig ein Armer. Die Armut ist nicht bloß allegorisch, also zur Verdeutlichung der bedrängenden Situation Woyzecks, zu lesen, sie ist vielmehr ganz real. Sie ist nicht selbst verschuldet, sondern wird als gegeben vorausgesetzt. Woyzeck, wie die anderen Armen im Stück, sind ihr ausgeliefert. Aus ihr erwächst der Zwang, jegliche Arbeit anzunehmen, sich vollständig ausbeuten und verwerten zu lassen. Hieraus resultiert seine Krankheit.

In der historischen Situation, in der Büchner schreibt, war Armut zu einem Massenphänomen geworden. Das Phänomen wurde mit dem damals neuen Begriff Pauperismus bezeichnet, der zumeist mit Massenarmut übersetzt wurde. Der Brockhaus definierte 1846:

■ Pauperismus

> »Der Pauperismus ist da vorhanden, wo eine zahlreiche Volksklasse sich durch die anstrengendste Arbeit höchstens das notdürftigste Einkommen verdienen kann, auch dessen nicht sicher ist, in der Regel schon von Geburt an und auf Lebenszeit solcher Lage geopfert ist, keine Aussicht der Änderung hat, darüber immer tiefer in Stumpfsinn und Rohheit versinkt, den Seuchen, der Branntweinpest und viehischen Lastern aller Art, den Armen-, Arbeits- und Zuchthäusern fortwährend eine immer steigende Zahl von Rekruten liefert und dabei sich immer noch in reißender Schnelligkeit ergänzt und vermehrt.«[28]

Die Ursachen des Pauperismus lagen im wirtschaftlichen Wandel, der mit der aufkommenden Industriali-

■ Ursachen des Pauperismus

28 *Allgemeine deutsche Real-Encyklopädie für die gebildeten Stände (Conversations-Lexikon)*, Bd. 11, 9. Leipzig ^{9}1846, S. 15 f.

sierung einherging. Dieser Wandel brachte u. a. die Abwanderung bäuerlicher Landbevölkerung in die städtischen sich industrialisierenden Gebiete mit sich, in denen die Arbeitsbevölkerung entsprechend anwuchs. Einen solchen Pauper zeigt Büchner in seinem Woyzeck.

Auch für die bürgerliche Bevölkerung blieben die wirtschaftlichen und gesellschaftlichen Umbrüche, die mit der beginnenden Industrialisierung in der Zeit des Vormärz (ca. 1830 bis zur Revolution von 1848) einhergingen, nicht ohne Folgen. Büchner zeigt dies im Drama an den beiden Figuren Hauptmann und Doktor, die jede auf ihre Weise, aber letztlich aufgrund ihrer gesellschaftlich übergeordneten Positionen gemeinsam Macht über Woyzeck ausüben können. Sie gehören allerdings unterschiedlichen sozialen Gruppen innerhalb der Oberschicht an. Als Militär repräsentiert der Hauptmann gewissermaßen die »alte Ordnung«. Er ist Vertreter bzw. Repräsentant der politisch restaurativen Strömung, die seit dem Wiener Kongress 1815 Europa politisch dominierte. Diese restaurative und rückwärtsgewandte Politik wird nicht zuletzt militärisch durchgesetzt. Interessant sind unter diesem Aspekt die pseudophilosophischen Ausführungen des Hauptmanns, etwa über die Zeit: »Woyzeck, es schaudert mich, wenn ich denk, dass sich die Welt in einem Tag herumdreht, was eine Zeitverschwendung, wo soll das hinaus? Woyzeck, ich kann kein Mühlrad mehr sehn, oder ich werd' melancholisch« (S. 15 f.). Diese Rede des Hauptmanns

■ Hauptmann repräsentiert »alte Ordnung«

kann durchaus als Kommentar zur politischen und wirtschaftlichen Entwicklung gelesen werden, die die alte Ordnung und damit auch die Position des Hauptmanns bedroht.

Die aufkommende Industrialisierung führte nicht nur zur Pauperisierung breiter Bevölkerungsgruppen, sondern auch zum Aufstieg des Wirtschafts- und akademisch gebildeten Bildungsbürgertums. Der Doktor ist unter dieser Perspektive ein Vertreter dieser »neuen Zeit«. Er steht dem Hauptmann als Vertreter einer Wissenschaft gegenüber, die auf Rationalität und empirischer Erkenntnis fußt. Dass beide Figuren als Repräsentanten gegensätzlicher Ordnungen, nämlich der »alten Ordnung« auf der einen und der »neuen Zeit« auf der anderen Seite, einander mit gegenseitiger Geringschätzung begegnen, wie Szene 9 belegt, ist schlüssig konstruiert: So verabschiedet sich der Doktor: »Ich empfehle mich, geehrtester Herr Exerzierzagel«, worauf der Hauptmann erwidert: »Gleichfalls, bester Herr Sargnagel. –« (S. 22). In der Verachtung Woyzecks und auch in seiner Verurteilung sind sie sich freilich einig.

■ Doktor repräsentiert »neue Zeit«

Woyzecks Verurteilung für den Mord an Marie wird im Dramenfragment nicht mehr gezeigt. Das ist auch nicht nötig. »Ein guter Mord, ein echter Mord, ein schöner Mord, so schön als man ihn nur verlangen tun kann, wir haben schon lange so keinen gehabt« (S. 37), sagt der Polizist als Vertreter der Strafverfolgungsbehörde und als Verantwortlicher für den Erhalt der öffentlichen Ordnung in Szene 26 zum Barbier,

■ Woyzecks Verurteilung

zum Arzt und zum Richter, die hier die bürgerliche Öffentlichkeit repräsentieren. Die Schuld des Täters steht für sie nicht in Frage. Tatwaffe und Motiv liegen auf der Hand, der Täter ist bereits ermittelt. Dass dieser Woyzeck verurteilt werden wird, steht fraglos fest. Das muss Büchner nicht mehr zeigen.

Für den Leser bzw. Zuschauer des Dramas stellt sich dies anders dar. Das Drama hat das Geschehen aufgerollt. Dieser Täter Woyzeck ist unzurechnungsfähig. In der Fiktion kommt der Dichter der »Geschichte, wie sie sich wirklich begeben hat, so nahe als möglich«.[29]

29 Bornscheuer (s. Anm. 15), S. 12 f.

7. Autor und Zeit

Kindheit und Jugend

Georg Büchner (geboren am 17. Oktober 1813 in Goddelau im Großherzogtum Hessen, gestorben am 19. Februar 1837 in Zürich in der Schweiz) war deutscher Schriftsteller, Mediziner, Naturwissenschaftler und Revolutionär. Er starb sehr jung und hinterließ nur ein schmales Werk, dennoch zählt er zu den bedeutenden deutschsprachigen Schriftstellern. Einer der wichtigsten deutschen Literaturpreise trägt seinen Namen.

Georg Büchner wurde als erstes von acht Kindern Ernst Karl Büchners und seiner Frau Louise Caroline Büchner, geborene Reuß, im unweit von Darmstadt gelegenen Örtchen Goddelau geboren. Zwei der Kinder starben unmittelbar nach der Geburt, die verbliebenen Geschwister waren:

■ Eltern und Geschwister

- Mathilde Büchner (1815–1888), Haushälterin für Eltern und Geschwister
- Wilhelm Ludwig Büchner (1816–1892), Fabrikant und Politiker
- Luise Büchner (1821–1877), Schriftstellerin und Frauenrechtlerin
- Ludwig Büchner (1824–1899), Philosoph und Schriftsteller
- Alexander Büchner (1827–1904), Professor für Literaturgeschichte

Büchner entstammte einer Familie von Medizinern, Ratsherren und Gerichtsangehörigen aus dem Odenwald. Sein Vater, Ernst Karl Büchner, war, der Familientradition entsprechend, Arzt und zum Zeitpunkt der Geburt Georgs der für die Umgebung des Wohnorts zuständige Kreis-Chirurg. Die Mutter entstammte einer bedeutenden Beamtenfamilie.

Büchners Geburtstag fällt auf den letzten Tag der sogenannten Völkerschlacht bei Leipzig, der wichtigsten Schlacht der Befreiungskriege gegen die Fremdherrschaft Napoleons, bei der die napoleonische Armee durch die Koalitionsarmeen (verbündete Truppen Russlands, Preußens, Österreichs und Schwedens) vernichtend geschlagen wurde. Damit war die napoleonische Herrschaft in Europa beendet. Der Wiener Kongress 1815 leitete eine Phase der Restauration ein. Diese politische Restauration führte zur politischen Gegenbewegung des sogenannten Vormärz, die ebenso wie die weiterhin revolutionäre Situation in Frankreich Georg Büchners Leben bestimmen sollten.

■ Erziehung

Georg Büchners Vater, obgleich Verehrer Napoleons, war auch Vertreter einer strikten Ordnung, unterstützte die Ausbildung seiner Kinder, drang aber auch auf praktische Tätigkeit und zielbewusstes Arbeiten. Die väterliche Strenge wird häufig mit dessen eigener schwerer Kindheit erklärt. Demgegenüber war die Mutter die emotionale Ansprechpartnerin ihrer Kinder. Luise Büchner, Georgs Schwester, schrieb in einem ihrer Romane über die Mutter: »Dadurch,

Abb. 4: Georg Büchner. Porträtzeichnung von August Hoffmann

dass sie auf ihre Kinder einging, sie als urteilsfähige Menschen betrachtete und mit ihnen diskutierte, nicht disputierte, erwarb sie sich deren unbedingtes Vertrauen, und ließen sie sich der Mutter gegenüber vollständig gehen.«[30]

1816 zog die Familie nach Darmstadt, wo der Vater eine Stelle als Stadtphysikus und Hospitalarzt übernahm. Georg wurde zunächst von seiner Mutter unterrichtet, ab 1822 besuchte er bis 1825 die »Privat-Erziehungs- und Unterrichtsanstalt für Knaben« des Dr. Carl Weitershausen. Die Schule, in der die Schüler eine elementare Bildung erhielten, aber auch auf das Gymnasium vorbereitet wurden, bot umfassende Ausbildungsmöglichkeiten. Die älteren Schüler wurden in 13 Fächern unterrichtet, darunter Latein, Griechisch, Französisch, Geometrie, Naturgeschichte und Physik. Auch freies Erzählen und Zeichnen ebenso wie Turnen standen auf dem Stundenplan. Das Institut galt als freigeistig. Ab 1825 besuchte Georg Büchner das humanistische Gymnasium »Pädagog«, das über das Großherzogtum Hessen hinaus bekannt war. Bereits in seiner Schulzeit begeisterte sich Georg Büchner für die Französische Revolution. Aus der Schulzeit sind mehrere Reden Büchners überliefert. Zweimal hielt er die Schülerrede zum Abschluss des Schuljahres, in denen er sich jeweils zur Freiheit bekannte und Menschen verherrlichte, die ihr eigenes

■ Schulausbildung

30 Zitiert nach: *Georg Büchner. Leben, Werk, Zeit. Ausstellung zum 150. Jahrestag des »Hessischen Landboten«*, hrsg. von Thomas M. Mayer, Marburg [3]1987, S. 14.

Leben für die Freiheit geopfert hatten. In seiner »Rede zur Verteidigung des Cato von Utika«[31] im Herbst 1830 formulierte er u. a.: »Solche Männer, die unter den Millionen [...] sich erheben, sich Unvergänglichkeit zu erkämpfen wagten, solche Männer sind es, die gleich Meteoren aus dem Dunkel des menschlichen Elends und Verderbens hervorstrahlen.«[32] Seit 1828 gehörte Büchner einem Schülerzirkel an, der sich mit Literatur beschäftigte, etwa Shakespeare las. Es ist überliefert, dass Büchner in den letzten Jahren der Schulzeit Mitglieder des Zirkels mit »Bonjour citoyen« begrüßte, was auf seine Begeisterung für die Französische Revolution und Politisierung hinweist. 1831 verlässt er das Gymnasium mit dem Reifezeugnis, das ihm »gute Anlagen« und einen »klaren und durchdringenden Verstand« bescheinigt.[33]

31 Cato der Jüngere (95 v. Chr. – 46 v. Chr.) römischer Senator, der für römische Ideale, wie Unbestechlichkeit, Einhaltung des geltenden Rechts und eine republikanische Gesinnung eintrat.

32 Georg Büchner, »Rede zur Verteidigung des Cato von Utika gehalten auf dem Gymnasial-Redeaktus in Darmstadt, Herbst 1830«, zitiert nach: Georg Büchner, *Werke und Briefe*. Nach der historisch-kritischen Ausgabe von Werner R. Lehmann. Kommentiert von Karl Pörnbacher, Gerhard Schaub, Hans-Joachim Simm und Edda Ziegler, München 1980, S. 201.

33 Zitiert nach Georg Büchner, *Leben – Werk – Zeit*, Katalog zur Ausstellung zum 150. Jahrestag des »Hessischen Landboten«. Georg Büchner Gesellschaft, Marburg, in Verbindung mit dem Kulturamt der Stadt Marburg und dem Institut für Neuere deutsche Literatur der Philipps-Universität Marburg, Marburg 1985, S. 56.

Studienjahre und politisches Engagement

Studienbeginn in Straßburg

Der Vater bestimmte, dass Georg ein Studium der Medizin in Straßburg aufnehmen sollte. Bis 1833 studierte er vergleichende Anatomie, beschäftigte sich aber auch mit revolutionären Gesellschaftstheorien und wurde mit der politischen Arbeit vertraut. Büchner wohnte in dieser Zeit bei einem entfernten Verwandten mütterlicherseits, dem Pfarrer Johann Jakob Jaeglé, mit dessen Tochter Wilhelmine er sich 1832 heimlich verlobte. Büchner selbst nannte die Jahre in Straßburg die glücklichsten seines Lebens.

Studienortwechsel nach Gießen

Eine Vorschrift des Großherzogtums Hessen (es wurden nur zwei Studienjahre außerhalb des Großherzogtums anerkannt) zwang Büchner im Jahr 1833 nach Hessen zurückzukehren und sein Studium an einer Landesuniversität fortzusetzen. Büchner ging nach Gießen. Dort erlebte er, der die freieren französischen Verhältnisse kennengelernt hatte, die bedrängten und unfreien Verhältnisse in seiner Heimat als bedrückend. Insbesondere die Situation der Landbevölkerung, die unter ärmsten Bedingungen lebte, die geistige Enge der Gießener Universität, die Trennung von seiner Verlobten und eigene gesundheitliche Probleme kennzeichneten die Gießener Zeit. Büchner studierte die Geschichte der Revolution und kam zu dem Ergebnis, dass der Einzelne nichts bewirken könne. Dieser Fatalismus, der eine Abkehr von seinen Idealen der Jugendzeit darstellte, in der er noch von der Wirksamkeit »großer Persönlichkeiten« überzeugt war, wurde kennzeichnend für sein Geschichtsverständnis.

Wachsendes politisches Engagement

Gleichwohl fühlte er sich zur revolutionären Aktion verpflichtet. Die Verhältnisse einfach als gegeben hinzunehmen, war seine Sache nicht. Büchner knüpfte Kontakt zu anderen Oppositionellen, unter anderem zum Butzbacher Pfarrer Friedrich Ludwig Weidig, der der großherzoglichen Herrschaft als eine »Seele der staatsgefährdenden Unternehmungen«[34] galt. Büchner gründete nach französischem Vorbild die »Gesellschaft für Menschenrechte«. Das Ziel des Geheimbundes war die revolutionäre Umwälzung der politischen und gesellschaftlichen Verhältnisse.

»Friede den Hütten! Krieg den Palästen!«

1834 erschien die gemeinsam mit Weidig erstellte Flugschrift *Der Hessische Landbote*, mit der insbesondere die Landbevölkerung über bestehende Unterdrückungsmechanismen aufgeklärt und zur politischen Aktion aufgerufen werden sollte. Nach der programmatischen Überschrift »Friede den Hütten! Krieg den Palästen!« enthielt die Schrift genaue Anweisungen, wie mit der Flugschrift verfahren werden sollte, um die Leser und Unterstützer vor der Verfolgung durch die Behörden zu schützen: Aufbewahrung außerhalb des eigenen Hauses zum Schutz vor der Polizei, Weitergabe nur an Freunde usw.

Der Hessische Landbote

Im Weiteren wird in der mehrseitigen Flugschrift mittels öffentlichen statistischen Materials aufgezeigt, wie die Landbevölkerung durch Abgaben und

34 Zitiert nach Jan Christoph Hauschild, *Georg Büchner*, Reinbek bei Hamburg 1992, S. 50.

Steuern in Abhängigkeit von der herrschenden Klasse gehalten wird. Rechnungen über die Ausgaben des großherzoglichen Hofes werden den Lebensbedingungen der ländlichen Bevölkerung gegenübergestellt. Die Sprache nimmt biblische Muster auf, die der Landbevölkerung geläufig gewesen sein dürften.

Hinsichtlich der Radikalität der Forderungen kam es zum Streit zwischen Büchner und Weidig, wobei Büchner für möglichst radikale Forderungen eintrat. Weidig setzte sich jedoch mit seinem etwas gemäßigteren, auf Bündnisse mit liberalen Oppositionsgruppen ausgerichteten Kurs durch. Obwohl die Flugschrift in ihren Formulierungen und Forderungen gemäßigter war, als dies Büchners Vorstellungen entsprach, blieb sie für die Beteiligten gefährlich. Unter strikter Geheimhaltung wurde das Manuskript u. a. von Büchner zum Druck nach Offenbach am Main gebracht. Die beiden Studenten, die die Flugschrift in Offenbach abholten, wurden mit einem Teil der Auflage festgenommen und Georg Büchner als Verfasser der Flugschrift denunziert. Da die Universitätsrichter, die damals im Rahmen der akademischen Gerichtsbarkeit über Studierende Recht sprachen, aus ermittlungstaktischen Gründen auf eine unmittelbare Festnahme verzichteten – Büchner wurde lediglich vernommen –, konnte er den Sommer zu Hause bei seinen Eltern in Darmstadt verbringen. Dort berief er zwar noch einige Sitzungen der Darmstädter Sektion der »Gesellschaft für Menschenrechte« ein, aber der Ermittlungsdruck, den die Behörden ausübten, war groß und brachte die revolutionäre Arbeit ins Stocken. Sie versetzten Büchner in eine »fortwährende Angst vor Verhaftung«.[35]

Gleichwohl war Büchner in dieser Zeit außerordentlich produktiv. Er setzte den schon lange gehegten Plan um, ein Geschichtsdrama zu verfassen. Im Drama *Dantons Tod* geht es um die Phase der Schreckensherrschaft während der Französischen Revolution. Diese Phase wird aus der Innensicht wichtiger Revolutionsführer beleuchtet. Im Zentrum steht die politische wie persönliche Auseinandersetzung zwischen Georges Danton und Maximilien de Robespierre. Der asketische Robespierre hängt einem abstrakten Tugendideal an, mit dem er den Terror rechtfertigt. Ihm steht der selbstbezogene und ideologisch desillusionierte Danton gegenüber, dessen Ausschaltung Robespierre bewirken möchte. Büchner hatte zur Vorbereitung dieses Dramas ausführlich historische Quellen zur Französischen Revolution studiert. Insbesondere hieraus resultierte sein fatalistisches Geschichtsverständnis. In einem Brief an seine Verlobte, Wilhelmine Jaeglé, schrieb er im Januar 1834:

■ *Dantons Tod*

> »Ich studierte die Geschichte der Revolution [gemeint ist die Französische Revolution]. Ich fühlte mich wie zernichtet unter dem grässlichen Fatalismus der Geschichte. Ich finde in der Menschennatur eine entsetzliche Gleichheit, in den menschli-

35 Zitiert nach Hans Georg Schede, Lektüreschlüssel, Georg Büchner: »Woyzeck«, Stuttgart, 2006, S. 82.

chen Verhältnissen eine unabwendbare Gewalt, allen und keinem verliehen. Der Einzelne nur Schaum auf der Welle, die Größe ein bloßer Zufall, die Herrschaft des Genies ein Puppenspiel, ein lächerliches Ringen gegen ein ehernes Gesetz, es zu erkennen das Höchste, es zu beherrschen unmöglich. Es fällt mir nicht mehr ein, vor den Paradegäulen und Eckstehern der Geschichte mich zu bücken. Ich gewöhnte mein Auge an Blut. Aber ich bin kein Guillotinenmesser. Das *muss* ist eins von den Verdammungsworten, womit der Mensch getauft worden. Der Ausspruch: Es muss ja Ärgernis kommen, aber wehe dem, durch den es kommt, – ist schauderhaft. Was ist das, was in uns lügt, mordet, stiehlt? Ich mag dem Gedanken nicht weiter nachgehen.«

Büchner schrieb das Drama *Dantons Tod* zu Beginn des Jahres 1835 innerhalb von nur fünf Wochen und sandte das Manuskript an den Schriftsteller und liberalen Verleger Karl Gutzkow, der das Stück herausgab.

Seine eigene immer bedrohlicher werdende Situation im Großherzogtum Hessen schätzte Büchner realistisch ein und bereitete im Verborgenen seine Flucht vor, die ihm gelang. Fast alle anderen Mitglieder der Oppositionsgruppe in Gießen, darunter auch der Mitverfasser des *Hessischen Landboten*, Weidig, wurden verraten und im April in Untersuchungshaft genommen. Weidig brachte sich in der Haft um. Büchner wurde zwischenzeitlich steckbrieflich gesucht.

Bekanntmachungen.

1628) [Darmstadt.] Steckbrief. Der hierunter signalisirte Georg Büchner, Student der Medicin aus Darmstadt, hat sich der gerichtlichen Untersuchung seiner indicirten Theilnahme an staatsverrätherischen Handlungen durch die Entfernung aus dem Vaterlande entzogen. Man ersucht deßhalb die öffentlichen Behörden des In- und Auslandes, denselben im Betretungsfalle festnehmen und wohlverwahrt an die unterzeichnete Stelle abliefern zu lassen.

Darmstadt, den 13. Juni 1835.

Der von Großherzogl. Hess. Hofgericht der Provinz
Oberhessen bestellte Untersuchungsrichter,
Hofgerichtsrath Georgi.

Personal-Beschreibung.

Alter: 21 Jahre,
Größe: 6 Schuh, 9 Zoll neuen Hessischen Maases,
Haare: blonde,
Stirne: sehr gewölbt,
Augenbraunen: blonde,
Augen: graue,
Nase: stark,
Mund: klein,
Bart: blond,
Kinn: rund,
Angesicht: oval,
Gesichtsfarbe: frisch,
Statur: kräftig, schlank,
Besondere Kennzeichen: Kurzsichtigkeit.

Abb. 5: Steckbrief Georg Büchners aus der Großherzoglich Hessischen Zeitung, Darmstadt, 18. Juni 1835

Flucht und Exil

Büchner floh im März 1835 zu seiner Verlobten und Freunden nach Straßburg. Im Straßburger Exil übersetzte Büchner auf Anregung des Verlegers Karl Gutzkow zwei Dramen des französischen Schriftstellers Victor Hugo ins Deutsche. Im Herbst beschäftigte er sich mit dem Dichter Jakob Michael Reinhold Lenz (1751–1792), dessen Dramen, insbesondere das Stück *Die Soldaten*, ihn tief beeindruckten. Jakob Reinhold Michael Lenz hatte Theologie studiert und sich mit Philosophie befasst, insbesondere mit Kant. Er war jedoch psychisch labil, hatte einen geistigen Zusammenbruch erlitten und daraufhin zunehmend Anzeichen des Wahnsinns gezeigt. Auf Empfehlung eines Freundes begab er sich deshalb zu einer, wie wir heute sagen würden, »Auszeit« zu Pfarrer Oberlin nach Steintal, wo die Krankheit vollständig ausbrach. Oberlin fertigte während der Wochen, die Lenz bei ihm verbrachte, Tagebuchnotizen an, die 1831 veröffentlicht wurden. Büchner, fasziniert von Lenz' schriftstellerischen Leistung des Lenz, wurde durch diese Krankheitsberichte zu seiner Novelle *Lenz* angeregt, in der er den psychischen Zusammenbruch und die Gespaltenheit Lenz' medizinisch genau schildert. In der Novelle *Lenz* legt Büchner der zentralen Figur Lenz seine eigenen künstlerischen Überzeugungen, auch hinsichtlich der Funktion von Kunst, gewissermaßen in den Mund:

»Die Dichter, von denen man sage, sie geben die Wirklichkeit, hätten auch keine Ahnung davon; doch seien sie immer noch erträglicher als die, welche die Wirklichkeit verklären wollten. [...] Ich verlange in allem – Leben, Möglichkeit des Daseins, und dann ist's gut; wir haben dann nicht zu fragen, ob es schön, ob es hässlich ist. Das Gefühl, dass, was geschaffen sei, Leben habe, stehe über diesen beiden und sei das einzige Kriterium in Kunstsachen«.[36]

Vielfach sind diese Äußerungen zur Kunst und ihrem Zweck auch als Programm des *Woyzeck*-Dramas gelesen worden, denn auch hier wird die Wirklichkeit nicht verklärt, sondern möglichst authentisch wiedergegeben.

Die Novelle *Lenz* blieb allerdings zunächst unvollendet und Büchner wandte sich seiner wissenschaftlichen Arbeit zu; dies auch, um seine wirtschaftliche Existenz zu sichern. Er forschte und reichte im Juli 1836 eine Arbeit zum »Nervensystem der Barben« an der Universität Zürich ein. Mit dieser Arbeit wurde er an der Philosophischen Fakultät promoviert. Er erhielt die Doktorwürde am 3. September 1836. Damit erwarb er das Recht, Vorlesungen zu halten. Büchner zog im Oktober 1836 nach Zürich, konzipierte Vorlesungen und arbeitete parallel an zwei Theaterstücken: *Leonce und Lena* und *Woyzeck*. Sein Aufenthaltssta-

36 Büchner, *Lenz* (s. Anm. 1), S. 17 f.

tus war ungesichert. In einem Asylverfahren erhielt er eine auf sechs Monate begrenzte Aufenthaltserlaubnis.

Tod durch Typhus

Büchner erkrankte in Zürich an Typhus, der in der Stadt grassierte. Im Januar 1837 klagte er in einem Brief gegenüber seiner Verlobten, das Mühlrad drehe sich »fort ohne Rast und Ruh«. Geschwächt durch Überarbeitung und mutmaßlich schlechte Ernährung, hatte er keine Abwehrkräfte gegen die Krankheit. Am 17. Februar 1837 traf Wilhelmine Jaeglé in Zürich ein. Bereits zwei Tage später, am 19. Februar 1937, starb Büchner im Alter von nur 23 Jahren.

8. Rezeption

Büchners *Woyzeck* ist heute ein kanonischer Text. Er wird regelmäßig auf deutschen Bühnen gespielt, er hat einen festen Platz im Lektürekanon der Schule, und er hat vielfältige mediale Bearbeitungen erfahren. Das Erstaunlichste ist vielleicht, dass der Text in diesem langen Kanonisierungsprozess nichts von seiner Provokation verloren hat. Er hat jede Generation aufs Neue erschüttert.

Was interessiert an *Woyzeck*?

Woyzeck erscheint erstmals 1879 unter dem Titel *Wozzeck* in einer von Emil Franzos besorgten kritischen Gesamtausgabe der Werke Büchners. Noch 1850 hatte Büchners Bruder Ludwig das Dramenfragment nicht in die »Nachgelassenen Schriften« aufgenommen, was vermutlich auf die Unleserlichkeit des nicht fertigstellten Manuskripts zurückzuführen war. Franzos ließ die Fragmente chemisch bearbeiten, um sie lesbar zu machen.

Wirkung auf die Naturalisten

Auf die literarische Strömung der Naturalisten (ca. 1880 bis 1915) hatte Büchners *Woyzeck* aufgrund seines Dokumentarcharakters und seiner realistischen Darstellungsweise, nach der sie selbst strebten, unmittelbar eine ungeheure Wirkung. Gerhart Hauptmann schrieb über ihn: »Georg Büchners Geist lebte nun mit uns, in uns, unter uns. Und wer ihn kennt […] diesen Dichtergeist, der darf sich vorstellen, dass er, bei allem Abstand seiner Einmaligkeit, ein Verwandter von uns gewesen ist.«[37] Büchners Werk wurde von den Naturalisten hierbei im Kontext der Vormärzliteratur rezipiert und somit als dezidiert politische, frühsozialistische Literatur wahrgenommen. So schrieb Hauptmann weiter: »Georg Büchners Werke […] hatten mir gewaltigen Eindruck gemacht.« Eine Reise nach Zürich bezeichnet er selbst als eine Art Pilgerfahrt zum Grab Büchners. Neben Hauptmann setzte sich etwa auch Frank Wedekind intensiv mit Büchner auseinander. Seine Kindertragödie *Frühlings Erwachen* nimmt unmittelbar auf *Woyzeck* Bezug. In Szene 9 im *Woyzeck* lässt Büchner den Doktor und den Hauptmann sich gegenseitig abschätzig mit »Sargnagel« (der Hauptmann zum Doktor) und »Exerzierzagel« (der Doktor zum Hauptmann) bezeichnen (S. 22). Solche auf Verballhornung zielenden Namen greift Wedekind auf, indem er den Lehrern in seiner Kindertragödie in entlarvender Absicht Namen wie »Sonnenstich«, »Knüppeldick«, »Zungenschlag« oder »Hungergurt« gibt.

Auch weitere Werke Büchners wurden in dieser Zeit rezipiert. So wurde sein Geschichtsdrama *Dantons Tod* in der sozialdemokratischen Parteizeitung *Vorwärts* abgedruckt, was dem Redakteur eine viermonatige Gefängnisstrafe einbrachte.

■ *Woyzeck* auf der Bühne

Auf der Bühne war *Woyzeck* erstmals 1913 in einer Inszenierung des Münchener Residenztheaters zu sehen. Etwa 20-mal wurde die Inszenierung gegeben.

37 Gerhart Hauptmann, *Das Abenteuer meiner Jugend*, in: G. H., *Sämtliche Werke*, hrsg. von Hans-Egon Hass, Bd. 7, Berlin 1962, S. 1061 [2. Buch, Kap. 40].

Weitere Aufführungen an anderen Bühnen im Deutschen Reich und Österreich folgten. Einen ersten Höhepunkt erlebte die *Woyzeck*-Rezeption in den 20er Jahren des 20. Jahrhunderts zur Zeit der Weimarer Republik. Besondere Beachtung fand bereits 1921 die Inszenierung Max Reinhardts am Deutschen Theater in Berlin. Insgesamt wurde *Woyzeck* in den 20er Jahren über 50-mal inszeniert. Im Jahr 1925 war das Interesse mit 10 Neuinszenierungen besonders groß. In dieser Zeit erschienen zudem zahlreiche Neuausgaben des Textes, was die Rezeption durch das Theater begünstigt haben dürfte.

In den vielen Inszenierungen der 20er Jahre lassen sich vier Regiekonzepte unterscheiden:

- *Woyzeck* als Gleichnis für das Leid der Menschen.
- *Woyzeck* als Beispiel eines sensiblen Menschen, der an der harten Wirklichkeit zerbricht.
- *Woyzeck* als Eifersuchtsdrama.
- *Woyzeck* als soziales Drama, als Aufruf zum politischen Kampf gegen die kapitalistischen Herrschaftsverhältnisse.

Im Sinne dieser letztgenannten Lesart formuliert der Theaterkritiker Alfred Kerr 1927 programmatisch:

> »Woyzeck ist der Mensch, auf dem alle rumtrampeln. Somit ein Behandelter, nicht ein Handelnder. Somit ein Kreisel nicht eine Peitsche. Somit ein Opfer nicht ein Täter. Dramengestalt wird sozusagen

die Mitwelt – nicht Woyzeck. Kernpunkt wird sozusagen die quälende Menschheit – nicht ihr gequälter Mensch. Bei alle dem bleibt wahr, dass Woyzeck durch seine Machtlosigkeit justament furchtbarsten Einspruch erhebt. Dass er am tiefsten angreift – weil er halt nicht angreifen kann.«[38]

In den 30er Jahren ging die Zahl der Aufführungen deutlich zurück. Allerdings war das Stück unter den Nationalsozialisten nicht verboten, sondern wurde etwa in Frankfurt zum 100. Todestag Büchners 1937 aufgeführt.

Ein weiterer Höhepunkt der *Woyzeck*-Rezeption durch das Theater folgte in den 60er und 70er Jahren des letzten Jahrhunderts und war vermutlich gleichfalls mit angeregt durch Neuausgaben des Werkes, die das Ergebnis intensiver Forschungstätigkeit waren. Dabei wurde der *Woyzeck* sehr stark auch von der freien Theaterszene aufgegriffen.

■ Oper

In Jahr 1925 fand auch die Uraufführung der Oper *Wozzeck* statt, die der Österreicher Alban Berg komponierte. Berg setzte damit eine von ihm schon 1914 entwickelte Idee um. Sein Werk ist im avantgardistischen Stil der Neuen Musik geschrieben.

■ Literatur

Auch Alfred Döblins 1929 erschienener Roman *Berlin Alexanderplatz* ist von Büchners *Woyzeck* beeinflusst. Der Protagonist des Romans, Franz Biber-

38 Alfred Kerr, »Woyzeck ist der Mensch, auf dem alle herumtrampeln …«, in: Herbert Schnierle, *Georg Büchner. Die großen Klassiker*, Salzburg 1980, S. 119.

kopf, teilt mit Woyzeck nicht nur den Vornamen, sondern auch seine prekäre Lebenssituation. Auch Franz Biberkopf muss um seine Existenz kämpfen.

Woyzeck ist mehrmals verfilmt worden. Die erste Verfilmung unter dem Titel *Wozzeck* stammt aus der Nachkriegszeit. Regisseur war Georg Klaren. In einem Anatomiesaal ist der gehenkte Soldat Woyzeck aufgebahrt. Der anwesende Professor nennt ihn Mörder, der gleichfalls anwesende Student Georg Büchner erzählt im weiteren Handlungsverlauf die Geschichte des Johann Christian Woyzeck.

Film

Eine Reihe weiterer Verfilmungen folgten. Die bekannteste ist die von Werner Herzog aus dem Jahr 1979, in der Klaus Kinski die Hauptrolle spielt. Herzog hält sich eng an Büchners Dramenfragment. Das gilt für die Szenenreihenfolge, die nur vereinzelt, insbesondere am Filmbeginn, von der Vorlage abweicht, genauso wie für die Dialoge, die Herzog übernimmt. Dadurch rückt Büchners Text sehr stark ins Zentrum der Aufmerksamkeit. Kennzeichnend für den Film sind lange, für den heutigen Betrachter sehr lange Einstellungen, zumeist in der Totalen. Es entsteht der Eindruck eines Theaterspiels, in dem die Szenen übergangslos aneinandergereiht sind. Der Film ist von der Kritik sehr unterschiedlich aufgenommen worden. Die große Nähe zur literarischen Vorlage und die filmische Umsetzung, insbesondere die Dominanz einer Einstellung, der fast vollständige Verzicht auf Gegenschnitte, wurden sowohl positiv als auch negativ besprochen. Den Kritikern erschien dieses

Vorgehen nicht zeitgemäß. Widersprüchlich wurde auch die schauspielerische Leistung Klaus Kinskis als Woyzeck diskutiert.

Um eine Vorstellung von der Machart des Films zu geben, sei an dieser Stelle kurz auf die beiden ersten Szenen des Films eingegangen. Abweichend von der Vorlage zeigt der Film als Einstiegsszene eine idyllische Landschaft: eine kleine Stadt in der Ferne, einen Teich, Klaviermusik. Die Folgeszene bildet einen scharfen Kontrast zur Einstiegsidylle. Sie spielt in der Stadt und zeigt Woyzeck in großer Anstrengung mit schmerzverzerrtem Gesicht bei militärischen Übungen. Unterlegt von Marschmusik, marschiert und kriecht Woyzeck vor seinem Vorgesetzten, von dem man lediglich die Militärstiefel sieht. Woyzeck wird auf diese Weise eingeführt als einer, der ganz unten steht und der im wörtlichen Sinne getreten wird. Dies entspricht durchaus dem Büchner'schen Vorbild, in dem Woyzecks Abhängigkeit und Unterdrückung gleichfalls von Anfang an gesetzt sind und sich nicht erst entwickeln.

Eine aktuelle Verfilmung stammt aus dem Jahr 2013 (200. Geburtstag Büchners). Regisseur Nuran David Calis transferiert das Thema in unsere Zeit. Der Film spielt im Berliner Bezirk Wedding, wo Woyzeck mit seiner Freundin Marie und dem gemeinsamen unehelichen Kind in einer kleinen Wohnung lebt. Er eröffnet ein Schnitzelrestaurant, was sich als wenig tragfähiges Geschäftsmodell erweist in einem Viertel, in dem die Mehrheit der Bewohner aus religiösen Grün-

Abb. 6: Klaus Kinski als Woyzeck. Szenenfoto der Verfilmung von 1979 – © Deutsche Kinemathek – Sammlung Werner Herzog

den kein Schweinefleisch ist. Er scheitert mit dem Restaurant und muss sich, nun mittellos, in verschiedenen Jobs verdingen: Unter anderem ist er Hilfskraft in einem Café, dessen Besitzer (Hauptmann) ihn schikaniert, und Teilnehmer einer Studie eines Pharmaunternehmens. Die Pillen, die er schlucken muss, lassen ihn nicht schlafen und führen zu Halluzinationen, die durch seinen Drogenkonsum noch verstärkt werden. Der Tambourmajor ist in Calis' Film ein Zuhälter und machohafter Anführer einer Gang, die das Viertel beherrscht. Marie ist von dessen Imponiergehabe beeindruckt und lässt sich auf ihn ein. Die Situation eskaliert, als Woyzeck davon erfährt und erkennt, dass sein Traum, die Stadt mit seiner kleinen Familie zu verlassen, scheitert.

Ausstellungen

Darüber hinaus gab es zwei große Ausstellungen zu Büchners Leben und Werk:

- 1984: Georg Büchner. Leben, Werk, Zeit. Ausstellung zum 150. Jahrestag des »Hessischen Landboten«. Marburg.
- 2013: Georg Büchner – Revolutionär mit Feder und Skalpell. Mathildenhöhe, Darmstadt.

9. Prüfungsaufgaben mit Lösungshinweisen

Aufgabe 1: Vergleich zweier Märchen

Aufgabenart: Interpretation literarischer Texte

Arbeitsaufträge:

1) Vergleichen Sie das Märchen *Die Sterntaler* der Brüder Grimm (Material) mit dem Märchen, das die Großmutter in Büchners Dramenfragment *Woyzeck* in Szene 19 erzählt.
2) Ordnen Sie das Märchen der Großmutter in die Entwicklung der Handlung in Büchners *Woyzeck* ein und erläutern Sie, welche Funktion dem Märchen im Drama zukommt.

Erläuterung zu den Arbeitsanweisungen (Operatoren)[39]:

- »Vergleichen«: nach vorgegebenen oder selbstgewählten Gesichtspunkten Gemeinsamkeiten, Ähnlichkeiten und Unterschiede herausarbeiten und gegeneinander abwägen.
- »Einordnen«: eine Aussage, einen Text, einen Sach-

39 Definition der Operatoren gemäß: *Gemeinsame Abituraufgabenpools der Länder. Aufgaben für das Fach Deutsch. Grundstock von Operatoren.* www.iqb.hu-berlin.de/bista/abi/deutsch/dokumente (Stand: 5. 1. 2018).

verhalt unter Verwendung von Kontextwissen begründet in einen vorgegebenen Zusammenhang stellen.

- »Erläutern«: Materialien, Sachverhalte, Zusammenhänge, Thesen in einen Begründungszusammenhang stellen und mit zusätzlichen Informationen und Beispielen veranschaulichen.

Material:

Brüder Grimm: Die Sterntaler

Es war einmal ein kleines Mädchen, dem war Vater und Mutter gestorben, und es war so arm, dass es kein Kämmerchen mehr hatte darin zu wohnen und kein Bettchen mehr darin zu schlafen und endlich gar nichts mehr als die Kleider auf dem Leib und ein Stückchen Brot in der Hand, das ihm ein mitleidiges Herz geschenkt hatte. Es war aber gut und fromm. Und weil es so von aller Welt verlassen war, ging es im Vertrauen auf den lieben Gott hinaus ins Feld. Da begegnete ihm ein armer Mann, der sprach »ach, gib mir etwas zu essen, ich bin so hungerig.« Es reichte ihm das ganze Stückchen Brot und sagte »Gott segne dir's« und ging weiter. Da kam ein Kind das jammerte und sprach »es friert mich so an meinem Kopfe, schenk mir etwas, womit ich ihn bedecken kann.« Da tat es seine Mütze ab und gab sie ihm. Und als es noch eine Weile gegangen war, kam wieder ein Kind und hatte kein Leibchen an und fror: da gab es ihm seins: und noch weiter, da bat eins um ein Röcklein, das gab es auch von sich hin. Endlich gelangte es in einen Wald, und es war schon dunkel geworden, da kam noch eins und bat um ein Hemdlein, und das fromme Mädchen dachte »es ist dunkle Nacht, da sieht dich niemand, du kannst wohl dein Hemd weggeben«, und zog das Hemd ab und gab es auch noch hin. Und wie es so stand und gar nichts mehr hatte, fielen auf einmal die Sterne vom Himmel, und waren lauter harte blanke Taler: und ob es gleich sein Hemdlein weg gegeben, so hatte es ein neues an und das war vom allerfeinsten Linnen. Da sammelte es sich die Taler hinein und war reich für sein Lebtag.

Brüder Grimm, »Die Sterntaler«, in: Dies., *Kinder- und Hausmärchen. Ausgabe letzter Hand mit den Originalanmerkungen der Brüder Grimm*, hrsg. von Heinz Rölleke, Bd. 2, Stuttgart 1980 [u. ö.], S. 269 f.

Lösungshinweise

Zu Arbeitsauftrag 1):

a) Einleitung: Aufgabenbezogene Einleitung mit Nennung der Textsorte Märchen, der Autoren und des Themas.

b) Knappe Inhaltswiedergabe des Märchens *Die Sterntaler*, z. B. typisches Märchenschema (vgl. hierzu die Märchendefinition in Kap. 11, S. 121). Das Kind muss Proben bestehen und wird am Ende für seine Opferbreitschaft belohnt.

c) Kriterienorientierter Vergleich der beiden Märchen:

	Die Sterntaler	Großmutter
Figuren	Charakter des Mädchens: gütig und fromm	Das »Kind« wird nur genannt, nicht näher beschrieben
Ausgangssituation	Verlassenheit und Armut	Verlassenheit und Armut
Ziele	Auszug in die Welt	irrt von einem Ziel zum anderen
Abschnitte	Mann und drei Kinder	Drei magische Begegnungen: Mond, Sonne, Sterne
Ende	Glückliches Ende: Reichtum	Unglückliches Ende: Trostlosigkeit
Sprachliche Merkmale	• Anfangsformel • Einfacher hypotaktischer Satzbau • Verwendung wörtlicher Rede	• Anfangsformel • Parataktischer Satzbau, dabei auffällige Reihung mit »und« (17-mal) • Hessischer Dialekt, z. B. »Hafen« (hier Topf, im Hessischen auch Nachttopf)
Bedeutung des Übernatürlichen	Belohnung am Ende: Sterne verwandeln sich in Gold	Kontakt mit Mond, Sonne, Sternen bzw. deren Entlarvung als Holz, Sonnenblume, Mücken

d) Zusammenfassung der Untersuchungsergebnisse

- Das Märchen *Die Sterntaler* erfüllt als Volksmärchen die prototypischen Märchenmerkmale. Indikatoren hierfür sind die formelhafte Einleitung (»Es war einmal …«), der sprachlich variierte, gleichwohl formelhafte Schluss (»… war reich für sein Lebtag«) sowie der typische Handlungsverlauf: Auszug des Helden, Bestehen von Prüfungen, hier der Bestätigung der einleitenden Charakterisierung des Mädchens als »gut und fromm« und Belohnung für die Opferbereitschaft durch Reichtum.
- Die Erzählung der Großmutter wird durch die Einleitung »es war einmal« sowie durch die Handlungsschritte (Verlassenheit, Umherirren) als Märchen charakterisiert, unterscheidet sich aber durch den Handlungsverlauf, hier insbesondere durch die Entzauberung von Sonne, Mond und Sternen. Das Märchen endet in Hoffnungslosigkeit. Insofern kann das Märchen der Großmutter als Antimärchen bezeichnet werden.

Zu Arbeitsauftrag 2):
Einordnung des Märchens in die Entwicklung der Handlung in *Woyzeck* und Erläuterung der Funktion:

- Das Märchen ist unmittelbar vor der Passage situiert, in der Woyzeck seine untreue Geliebte Marie abholt: »MARIE. Wohinaus. WOYZECK. Weiß ich's?« (S. 33). In der Folgeszene bringt Woyzeck Marie um.

- Die Handlung hat sich bis zum Erzählen des Märchens zugespitzt. Woyzeck wird von den im Drama auftretenden Autoritäten Doktor, Hauptmann, Kirche ausgegrenzt. Seine ärmlichen Lebensverhältnisse lassen ihn zwischen den Anforderungen seines Dienstes und den Gelegenheitsarbeiten hin und her hetzen. Er erfährt, dass Marie sich auf ein Verhältnis mit dem Tambourmajor eingelassen hat und wird von diesem selbst gedemütigt. Woyzeck ist damit endgültig in einer ausweglosen Situation angekommen.
- Das Märchen der Großmutter fasst diese Zuspitzung von Woyzecks Situation zusammen. Die alte Frau erzählt den Kindern ein Märchen, um ihnen die Welt zu erklären. Diese Erklärung stellt aber gerade nicht die Ordnung der Welt wieder her, wie das traditionell im Märchen der Fall ist. Vielmehr erklärt das Märchen die Welt, wie sie Büchner im *Woyzeck* zeigt. Für das Kind im Märchen gibt es keine Hilfe, keine Zuflucht und schon gar kein gutes Ende. Es gibt kein Erbarmen mit seiner Not und keinen Schutz, wie auch Woyzeck kein Erbarmen findet.
- Dem Märchen folgt der Mord an Marie. Woyzeck wendet sich nicht gegen seine Peiniger, sondern gegen das Liebste, was er hat. Das Märchen der Großmutter macht deutlich, dass dieser Mord eben nicht nur aus Eifersucht geschieht. Vielmehr ist er Ausdruck der Ausweglosigkeit, in der sich Woyzeck befindet, in der er physisch und psychisch den Verhältnissen hilflos ausgeliefert ist.

Aufgabe 2: Büchners Kunstauffassung

Aufgabenart: Interpretation literarischer Texte

Arbeitsaufträge:

1) Erläutern Sie Büchners Auffassung von der Aufgabe des dramatischen Dichters, die dieser im Brief an die Familie aus dem Jahr 1835 (Material) formuliert.
2) Interpretieren Sie auf der Grundlage Ihrer Ergebnisse aus Arbeitsauftrag 1) die sogenannte »Rasierszene« (Szene 5).
   Beurteilen Sie anschließend, inwieweit sich Büchners Auffassung von der Aufgabe des dramatischen Dichters in seinem Dramenfragment *Woyzeck* widerspiegelt.

Erläuterung zu den Arbeitsanweisungen (Operatoren):

- »Erläutern«: Materialien, Sachverhalte, Zusammenhänge, Thesen in einen Begründungszusammenhang stellen und mit zusätzlichen Informationen und Beispielen veranschaulichen.
- Interpretieren: auf der Grundlage einer Analyse im Ganzen oder aspektorientiert Sinnzusammenhänge erschließen und unter Einbeziehung der Wechselwirkung zwischen Inhalt, Form und Sprache zu einer schlüssigen (Gesamt-)Deutung gelangen.

- »Beurteilen«: einen Sachverhalt, eine Aussage, eine Figur auf der Basis von Kriterien bzw. begründeten Wertmaßstäben einschätzen.

Material:

Brief an die Familie, Straßburg, 28. Juli 1835

[…] Was übrigens die sogenannte Unsittlichkeit meines Buchs angeht, so habe ich Folgendes zu antworten: der dramatische Dichter ist in meinen Augen nichts, als ein Geschichtsschreiber, steht aber *über* Letzterem dadurch, dass er uns die Geschichte zum zweiten Mal erschafft und uns gleich unmittelbar, statt eine trockne Erzählung zu geben, in das Leben einer Zeit hinein versetzt, uns statt Charakteristiken Charaktere, und statt Beschreibungen Gestalten gibt. Seine höchste Aufgabe ist, der Geschichte, wie sie sich wirklich begeben, so nahe als möglich zu kommen. Sein Buch darf weder *sittlicher* noch *unsittlicher* sein, als die *Geschichte selbst*; aber die Geschichte ist vom lieben Herrgott nicht zu einer Lektüre für junge Frauenzimmer geschaffen worden […]. Der Dichter ist kein Lehrer der Moral […]. Wenn man mir übrigens noch sagen wollte, der Dichter müsse die Welt nicht zeigen wie sie ist, sondern wie sie sein solle, so antworte ich, dass ich es nicht besser machen will, als der liebe Gott, der die Welt gewiss gemacht hat, wie sie sein soll. Was noch die sogenannten Idealdichter anbetrifft, so finde ich, dass sie fast nichts als Marionetten mit himmelblauen Nasen und affektiertem Pathos, aber nicht Menschen von Fleisch und Blut gegeben haben, deren Leid und Freude mich mitempfinden macht, und deren Tun und Handeln mir Abscheu oder Bewunderung einflößt. […]

Georg Büchner: Die Briefe. Hrsg. von Ariane Martin. Stuttgart 2010. S. 32–34.

Lösungshinweise

Zu Arbeitsauftrag 1):

a) Einleitung: Aufgabenbezogene Einleitung mit Nennung des allgemeinen Themas (Kunstauffassung: Aufgabe des dramatischen Dichters) und Beschreibung der Quelle/des Materials (Brief vom 28. Juli 1835).

b) Herausarbeiten und Erläutern der Thesen Büchners:

- Büchner wendet sich gegen sogenannte »Idealdichter«, die die Welt »so zeigen wie sie sein soll«, deren literarische Gestalten Marionetten seien.
- Er plädiert dafür, die Welt zu zeigen, wie sie ist, Charaktere darzustellen, Menschen aus Fleisch und Blut, mit denen der Leser mitempfinden kann.

- Moralische Fragen und solche der Sittlichkeit oder Unsittlichkeit dürften dabei keine Rolle spiele. Literatur diene nicht der moralischen Erbauung, sondern solle die Welt zeigen, wie sie sei.

Zu Arbeitsauftrag 2):

a) Aufgabenbezogene Einleitung und Inhaltswiedergabe der Szene:

- Dies ist die erste Szene, die Woyzeck mit seinem militärischen Vorgesetzten, gleichwohl außerhalb des regulären Dienstes, zeigt; Woyzeck rasiert den Hauptmann. Der Hauptmann behandelt Woyzeck herablassend und macht ihm Vorwürfe. Dabei zeigt sich, dass er selbst kaum etwas versteht, seine Versuche, sich philosophisch über die Zeit, das Leben und die Moral zu äußern, wirken lächerlich. Woyzeck reagiert auf den Vorwurf eines unehelichen Kindes mit dem Verweis auf Jesus und dass das Leben armer Leute Tugend nicht zulasse, dass Tugend und Moral vielmehr eine Frage der finanziellen Mittel seien.

b) Interpretation der Szene/Herausarbeiten einzelner Aspekte:

- Zentrales Thema der Szene: Herrschaftsverhältnis zwischen Woyzeck und Hauptmann; Gegenüberstellung des armen Woyzecks und des saturierten Hauptmanns.

In der Szene seziert Büchner gewissermaßen dieses Herrschaftsverhältnis:

- Arbeit: während der Hauptmann sitzt, steht Woyzeck hinter ihm, um ihn zu rasieren; Woyzeck arbeitet für den Hauptmann; er tut dies zusätzlich zu seinem Dienst und neben anderen Tätigkeiten. Woyzeck ist gehetzt, der Hauptmann weiß dagegen nichts mit seiner Zeit anzufangen. Das Gehetzt-Sein Woyzecks wird ihm zusätzlich vom Hauptmann zum Vorwurf gemacht.
  Wichtige Zitate:
  »HAUPTMANN. Langsam, Woyzeck, langsam; ein's nach dem andern. [...] Was soll ich dann mit den 10 Minuten anfangen, die er heut zu früh fertig wird? [...] er sieht immer so verhetzt aus, ein guter Mensch tut das nicht [...].« (S. 15 f.)
  »WOYZECK. Ja wohl, Herr Hauptmann.« (S. 15). (Dies wird dreimal von Woyzeck wiederholt. Er sagt in dieser ersten Sequenz nichts anderes.)
- Sprache/Gesprächsführung: Der Hauptmann eröffnet und schließt den Dialog. Er entscheidet, ob gesprochen, was gesprochen wird und wann das Gespräch beendet ist. Woyzeck muss sich dem fügen. Die Sprache des Hauptmanns ist dabei herablassend, er macht sich über Woyzeck lustig.
  Wichtige Zitate:
  »HAUPTMANN. Ha! ha! ha! Süd-Nord! [...] O er ist dumm, ganz abscheulich dumm.« (S. 16) Siehe auch die Regieanweisungen »*pfiffig*«, »*gerührt*«.
- Moral und Tugend: Der Hauptmann bestimmt Mo-

ral und Tugend als Themen der Unterhaltung. Er beurteilt Woyzecks Leben bzw. seine Lebensverhältnisse (Kind ohne den Segen der Kirche, er hat keine Moral). Woyzeck nimmt zur Verblüffung des Hauptmanns dieses Thema auf und argumentiert mit einem Verweis auf die Bibel, was den Hauptmann verwirrt. Woyzecks Ausführungen zeigen, dass er den Tugendbegriff des Hauptmanns im Grunde akzeptiert, aber doch weiß, dass dies die Tugend der Herrschenden ist.
Wichtige Zitate:
»WOYZECK. Unsereins ist doch einmal unselig in der und der andern Welt, ich glaub' wenn wir in Himmel kämen, so müssten wir donnern helfen.« (S. 16)
»WOYZECK. Sehn Sie wir gemeinen Leut, das hat keine Tugend, [...] wenn ich ein Herr wär [...], ich wollt schon tugendhaft sein.« (S. 17)
Der Vorwurf des Hauptmanns, Woyzeck habe keine Tugend, wird von jenem als Zügellosigkeit gedeutet. Woyzeck kann sich nicht beherrschen (»Sehn Sie wir gemeinen Leut, das hat keine Tugend, es kommt einem nur so die Natur«, S. 17), während der Hauptmann seine Triebe unterdrückt (»Ich hab auch Fleisch und Blut. [...] ich sag' mir immer du bist ein tugendhafter Mensch [...]«, S. 17).

- Fazit: Büchner entlarvt in der Szene die Herablassung des Hauptmanns gegenüber dem ungebildeten Woyzeck, wobei die Bildung den Hauptmann nicht zu einem klugen Menschen macht und seine

Bildung ebenso wie Woyzecks fehlende Bildung lediglich dem Zufall der Geburt geschuldet sind.

- Beurteilung: Grundsätzlich kann die Szene als Umsetzung der Büchner'schen Kunstauffassung gelesen werden.

Aufgabe 3: *Woyzeck* – ein Eifersuchtsdrama?

Aufgabenart: Erörterung literarischer Texte

Arbeitsauftrag 3: Erörtern Sie, inwieweit eine Rezeption angemessen ist, die *Woyzeck* in erster Linie als Eifersuchtsdrama deutet.

Erläuterung zur Arbeitsanweisung (Operator):

- »Erörtern«: auf der Grundlage einer Materialanalyse […] eine These oder Problemstellung unter Abwägung von Argumenten hinterfragen und zu einem Urteil gelangen.

Lösungshinweise

Eine Erörterung bedeutet immer die Auseinandersetzung mit einer strittigen Frage, die nicht vorab entschieden ist. In einer Erörterung gibt es also immer Pro- und Kontra-Argumente, die für eine Schlussfolgerung selbstständig gewichtet werden müssen.

a) Aufgabenbezogene Einleitung mit der Formulierung der strittigen Frage: Ist eine Rezeption des *Woyzeck* (vor allem) als Eifersuchtsdrama dem Stück angemessen?

b) Im Anschluss sollte zunächst dargestellt werden, wie sich die Beziehung zwischen Woyzeck und Marie entwickelt und wie es zum Mord an Marie kommt:

- Woyzeck vermutet Untreue, als er die Ohrringe bei Marie entdeckt (Szene 4).
- Woyzeck erfährt durch den Hauptmann von Maries Untreue und reagiert aufgeregt. Marie ist alles was Woyzeck hat: »ich [...] hab sonst nichts« (Szene 9). Der Hinweis des Hauptmanns löst bei Woyzeck unmittelbar Eifersuchtsgefühle aus, er bleibt nicht in der Kaserne, sondern sucht nach Marie: »Ich muss hinaus« (Szene 11).
- Die Eifersucht steigert sich, als er Marie und den Tambourmajor beim Tanz sieht. Woyzeck hat Mordphantasien (Szene 12, 13).
- Er will seinen Nebenbuhler zur Rede stellen, wird von diesem aber gedemütigt (Szene 15).
- Kauf des Messers (Szene 16) und Ermordung Maries (Szene 17).
- Unmittelbare Hinwendung zu einer anderen Frau (Szene 22).
- Erklärung des Mordes als Eifersuchtstat (Szene 26).

Aus dem Handlungsverlauf kann abgeleitet werden, dass Eifersucht ein relevantes Motiv ist.

c) Die Frage ist, ob die Eifersucht Woyzecks die wesentliche Ursache der Mordtat ist oder lediglich auslösendes Moment. Es erscheint deshalb sinnvoll, das Dreiecksverhältnis Woyzeck, Marie, Tambourmajor zu analysieren.
Gewichtung der Argumente vor dem Hintergrund des Dreiecksverhältnisses zwischen Woyzeck, Marie und Tambourmajor:

- Beziehung Woyzeck – Marie: mehrjährige Beziehung, gemeinsames uneheliches Kind. Woyzeck nimmt zur Unterstützung Maries und des Kindes Gelegenheitsarbeiten an und liefert das Geld bei Marie ab. In Auseinandersetzungen zwischen beiden erweist sich Marie als dominant.
- Marie weiß, dass sie eine attraktive Frau ist. Sie hat Wünsche an ihr Leben und ist sich bewusst, dass sich diese nicht erfüllen werden. Woyzecks labile Verfassung nimmt sie wahr. Das Selbstbewusstsein und die Stärke des Tambourmajors, der in Aussehen und Auftreten als das Gegenteil von Woyzeck erscheint, macht seine Anziehungskraft aus. Sie lässt sich auf ihn ein, obgleich ihr bewusst ist, dass diese Beziehung keine Perspektive hat. Ihre Untreue lässt sie Reue empfinden, sie schämt sich.
- Der Tambourmajor ist sich seiner Wirkung auf Marie bewusst und findet sie sexuell anziehend. Sie be-

stätigt ihn in seiner Männlichkeit, die er auch Woyzeck gegenüber unter Beweis stellt.

d) Abschließend sollten die Argumente gebündelt werden:

- Pro: Die Beziehung zu Marie stellt einen stabilisierenden Faktor für Woyzeck dar. Er sorgt für seine Familie und nimmt vieles auf sich (Gelegenheitsarbeiten), um Marie zu unterstützen. Ihre Untreue erlebt er als Verrat, der die Eifersucht und Mordphantasien auslöst, die er planvoll ausführt.
- Kontra: Woyzeck befindet sich von Anfang an in einer psychisch labilen Situation. Symptome einer schweren psychischen Störung sind vorhanden und steigern sich im Verlauf. Die Ursachen liegen nicht in der Beziehung und der Untreue Maries, sondern in der prekären Lebenssituation Woyzecks, die durch Armut, Arbeitshetze und Ausbeutung gekennzeichnet ist. Maries Untreue stellt in dieser Lesart den Auslöser dar für den Ausbruch aus einer bereits unerträglich gewordenen Situation. Dass dieser Ausbruch sich nicht gegen die Ausbeuter (Doktor, Hauptmann) bzw. gegen das ausbeuterische System richtet, zeigt umso deutlicher, dass Woyzeck den Verhältnissen ausgeliefert ist.

e) Abschließende Stellungnahme unter Rückbezug auf die strittige Frage.

10. Literaturhinweise/Medienempfehlungen

Einzelausgabe

Georg Büchner: Woyzeck. Hrsg. von Heike Wirthwein. Stuttgart: Reclam 2013 (Text und Kontext, Nr. 19018). – *Nach dieser Ausgabe wird zitiert.*

Werkausgabe

Georg Büchner: Sämtliche Werke und Briefe. Hrsg. von Ariane Martin. Stuttgart: Reclam 2012.

Zur Biographie

Hauschild, Jan-Christoph: Georg Büchner. Reinbek bei Hamburg 2004.

Zu *Woyzeck*

Dedner, Burghard [unter Mitarbeit von Gerald Funk und Christian Schmidt]: Erläuterungen und Dokumente. Georg Büchner, *Woyzeck*. Stuttgart 2000.

Glück, Alfons: *Woyzeck*. Ein Mensch als Objekt. In: Interpretationen. Georg Büchner, Dantons Tod, Lenz, Leonce und Lena, Woyzeck. Stuttgart 1990. S. 177–218.

Filme

Büchner-Protokoll. Auf den Spuren Georg Büchners. Deutschland, 2013. Drehbuch und Regie: Dag Freyer. Produktion: kopfkino, 3sat. [Dokumentarfilm.]

Woyzeck. Drehbuch, Regie und Produktion: Werner Herzog. Deutschland 1979. Mit Klaus Kinski, Josef Bierbichler, Eva Mattes u. a. [Spielfilm.]

Woyzeck. Drehbuch und Regie: Nuran David Calis. Deutschland 2013. Mit Tom Schilling, Simon Kirsch, Nora von Waldstätten u. a. [Spielfilm.]

Hörspiele/Hörbücher

Mehrere Hörspiel- und Hörbuchfassungen des *Woyzeck* finden sich auf youtube.

Oper

Berg, Alban: Wozzeck. Oper in drei Akten (15 Szenen) op. 7 nach Georg Büchners Drama. Uraufführung: 1925, Berliner Staatsoper.

Internetquellen

In der Reihe »Sommers Weltliteratur to go.« präsentiert Michael Sommer Georg Büchners *Woyzeck* mit Playmobilfiguren im hessischen Dialekt. Dauer: ca. 10 Minuten. www.youtube.com/watch?v=BLBrjnL-QuY (Stand: 4. 1. 2018)

In der Reihe »Klassiker der Weltliteratur« präsentiert br alpha ein Erklärvideo zu *Woyzeck* mit weitergehenden biographischen Informationen zum Autor Georg Büchner. Dauer: ca. 15 Minuten.
www.youtube.com/watch?v=vJmDL19i3J4
(Stand: 4. 1. 2018)

11. Zentrale Begriffe und Definitionen

Allegorie: griech. all*egorein* ›bildlich reden‹. Bildhafte Darstellung eines Gedankens oder eines Begriffs.

➤ S. 72

Determinismus: lat. *determinare* ›abgrenzen‹, ›bestimmen‹. Auffassung, dass Ereignisse durch die äußere Bedingungen (vor)festgelegt sind. In der Philosophie wird insbesondere die Frage diskutiert, inwieweit Determinismus und Willensfreiheit sich gegenseitig ausschließen.

Büchners Menschenbild wird häufig als deterministisch bezeichnet, weil er in den konkreten Lebensbedingungen die Ursachen für Verhalten und Handlungen sieht. Im *Woyzeck* thematisiert er insbesondere die Macht der materiellen und politischen Verhältnisse.

➤ S. 72

Dialog: griech. *dialogos* ›Wechselrede‹. Gespräch zwischen mehreren ➤ Figuren. Im ➤ Drama, aber auch in epischen Texten, ist der Dialog ein zentrales Strukturelement. Gegensatz: ➤ Monolog.

➤ S. 43, 95

Drama: griech. ›Handlung‹. Eine der drei Hauptgattungen der Literatur neben Lyrik und Epik. Ein Drama ist ein Text, der für die Aufführung auf der Bühne gestaltet und in Akten und Szenen gegliedert ist. Die Handlung des Dramas wird durch die handelnden Figuren in ➤ Dialogen und ➤ Monologen gezeigt. Die Begriffe »Schauspiel« oder »Stück« werden synonym verwendet.

➤ S. 36 f., 52–54

Dramatiker: Schriftsteller, der Theaterstücke, Dramen verfasst. Begriffe wie Autor oder Schriftsteller werden synonym verwendet.

➤ S. 10, 53, 59

Figur: lat. *figura* ›Gestalt‹, ›Gebilde‹. Fiktive Person, Handlungsträger in einem epischen oder ➤ dramatischen Text. Figuren werden nach ihrer Bedeutung für die Handlung unterschieden in Haupt- und Nebenfiguren.

➤ S. 22–34, 52

Figurenkonstellation: Beziehung der ➤ Figuren zueinander. Die Beziehung der Figuren zueinander kann sich im Verlauf der Handlung verändern.

➤ S. 22 f.

Fiktion: lat. *fictio* ›Erdichtung‹. Die in der Literatur dargestellte Welt ist erfunden, existiert also nicht wirklich, sondern ist der Vorstellungskraft eines Autors entsprungen. Die Fiktion kann Bezug auf die Wirklichkeit nehmen, indem sie die gesellschaftliche Wirklichkeit aufnimmt und sie dadurch spiegelt.

➤ S. 24, 76

Geschlossenes Drama: Ein zentraler Konflikt wird in einer einsträngigen Handlung ohne Nebenhandlung entwickelt. Die einzelnen Handlungsschritte folgen logisch und psychologisch zwingend aufeinander und sind final auf die Katastrophe bzw. die Lösung des Konfliktes hin organisiert. Die Reihenfolge der Akte und der Szenen ist nicht austauschbar. Dies wird mit dem Begriff der *Einheit der Handlung* bezeichnet, die »ein Ganzes« bilden soll. Darunter versteht man, dass kein Teil weggenommen oder verändert werden kann, ohne das Ganze zu verändern. Das geschlossene Drama entwickelt die Handlung in der traditionellen Form in drei Akten:

- 1. Akt: Exposition, Grundlage des dramatischen Konflikts.
- 2. Akt: Entfaltung des Konfliktes und Peripetie, Höhepunkt des dramatischen Konflikts und unerwartete Wendung.
- 3. Akt: Katastrophe und Lösung.

Im Verlauf der Dramenentwicklung wurde das Dreiaktschema auf fünf Akte erweitert:

- 1. Akt: Exposition.
- 2. Akt: Steigerung, Verschärfung des dramatischen Konflikts.
- 3. Akt: Peripetie.
- 4. Akt: Erhöhung der Spannung durch Verzögerung (retardierendes Element).
- 5. Akt: Katastrophe bzw. Lösung des Konflikts.

In der Mitte des 19. Jahrhunderts hat der Literaturwissenschaftler Gustav Freytag (1816–1895) den Aufbau des Dramas mit dem Bild einer Pyramide veranschaulicht.

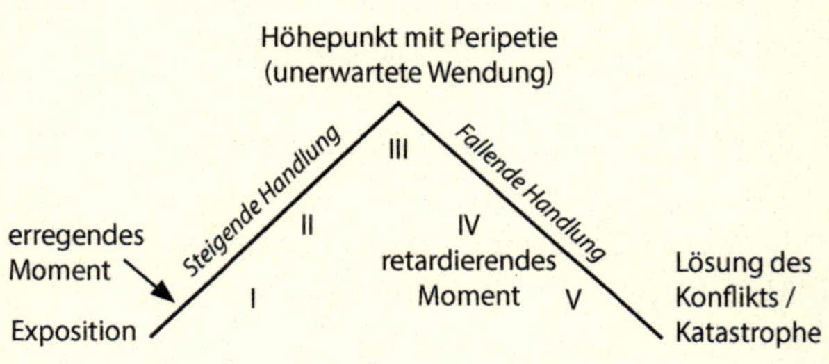

Abb. 7: Aufbau des klassischen Dramas nach Gustav Freytag

Neben der Einheit der Handlung bilden die Einheit der Zeit und die Einheit des Ortes die normative Grundregel des Dramas.

Einheit der Zeit: Die Handlung entwickelt sich innerhalb eines engen Zeitraums ohne Zeitsprünge. Im antiken Drama nach Aristoteles ist dies ein Tag.

Einheit des Ortes: Die Handlung ist begrenzt auf einen Ort bzw. wenige Schauplätze. In der Antike sind die drei Einheiten (Handlung, Zeit, Ort) feststehende Regeln für die Gestaltung des Dramas. Die Regeln werden ergänzt durch die Beschränkung der Anzahl der Figuren, die in einem engen Beziehungsgeflecht zueinander stehen. Nach der sogenannten Ständeklausel sind die Figuren Helden bzw. Angehörige der Oberschicht. Dies wird auch deutlich an ihrer Sprache, die durch einen einheitlichen hohen Sprachstil, z. T. auch in Versform, gekennzeichnet ist. Die Ständeklausel wird im Verlauf des 18. Jahrhunderts überwunden.

➤ S. 38, 40

Märchen/Antimärchen: Erzählung meist geringen Umfangs. Es wird zwischen Volks- und Kunstmärchen unterschieden.

Volksmärchen haben zumeist keinen namentlich bekannten Verfasser. Sie wurden zunächst mündlich überliefert und erzählen von wunderbaren Begebenheiten. Ort und Zeit bleiben unbestimmt, womit das Geschehen überzeitliche Geltung beanspruchen kann. Dargestellt wird zumeist die Begegnung von Gut und Böse, wobei das Gute am Ende zumeist siegt, nachdem der Held harte Prüfungen zu bestehen hatte. Typische Figuren sind Könige,

Prinzen und Prinzessinnen, die böse Stiefmutter, das gute Kind, Hexen und Zauberer. Die Figuren haben keine psychologische Tiefe, sondern sind eindeutig gut oder böse. Zu den märchentypischen Gestaltungsmerkmalen gehören feste Formulierungen (»Es war einmal …«, »… und wenn sie nicht gestorben sind«), magische Zahlen und die Zauberkraft von Gegenständen.

Die bekannteste Sammlung deutscher Volksmärchen der Gebrüder Grimm wurde erstmals 1812/15 veröffentlicht.

Antimärchen im *Woyzeck*: Das Märchen, das die Großmutter in Szene 19 den Kindern erzählt, nimmt die typischen Merkmale des Volksmärchens auf und wendet sie in ihr Gegenteil. Das gute Kind erlebt Desillusionierung, es erhält keine Hilfe und es gibt kein gutes Ende. Daher die Bezeichnung als Antimärchen.

Kunstmärchen: Märchenhafte Erzählung, die nicht auf einer (mündlichen) Überlieferung beruht, sondern von Autoren geschrieben wird. Kunstmärchen werden besonders in der Epoche der Romantik (ca. 1795–1840) geschrieben. Kunstmärchen sind komplexer als Volksmärchen und nicht immer auf ein gutes Ende hin geschrieben.

➤ S. 20, 99, 103 f.

Moderne: Eine ungenaue bzw. mehrdeutige Bezeichnung, die in der Literatur verwendet wird zur Abgrenzung von traditionellen literarischen Formen und Stilen. Die Entwicklung setzt mit dem Ende des 19. Jahrhunderts ein. ➤ Naturalismus und ➤ Expressionismus zählen als Stilrichtungen der Moderne. Kennzeichnend sind der Bruch mit traditionellen Erzählweisen und Regeln und die Bereitschaft zum sprachlichen Experiment, Perspektiven-

wechsel, zur Montagetechnik und zum simultanen Erzählen bzw. im Drama zur Gestaltung simultaner Szenen.
➤ S. 40

Monolog: griech. *monos* ›allein‹, *logos* ›Rede‹. Selbstgespräch einer ➤ Figur. Der Monolog gewährt Einblick in das Denken und Fühlen einer Figur. Gegensatz: ➤ Dialog.

Naturalismus: Europäische Literaturepoche zwischen etwa 1880 und 1900. Der Naturalismus entsteht unter dem Eindruck der Industrialisierung und der Naturwissenschaften. Er setzt sich mit der sozialen Wirklichkeit und menschlichen Psyche auseinander. Besonderes Interesse finden unterprivilegierte Bevölkerungsgruppen, deren Arbeits- und Lebenssituation thematisiert wird. Der Mensch erscheint als Produkt seiner Herkunft, seiner Umwelt und Lebensbedingungen, aber auch als Individuum mit seinen Bedürfnissen, Wünschen und Trieben.
➤ S. 10, 91 f.

Offenes Drama: Das offene Drama bildet den Gegensatz zum ➤ geschlossenen Drama. Die drei Einheiten aus Handlung, Ort und Zeit werden tendenziell aufgelöst:
Handlung: Die Handlung ist nicht auf einen zentralen Konflikt konzentriert. Es sind mehrere Handlungsstränge möglich, auch Nebenhandlungen sind erlaubt. Der Handlungsablauf ist entsprechend nicht auf die Lösung eines zentralen Konflikts hin organisiert, sondern bleibt häufig offen. Die Reihenfolge der Szenen ist nicht logisch oder psychologisch zwingend. Die Szenen können für sich selbst stehen, so dass die Aktstruktur aufgelockert wird.
Zeit: ausgedehnte Zeiträume, in denen sich das dramati-

sche Geschehen entwickelt, sind ebenso wie Zeitsprünge möglich.
Ort: Die Szenen können an unterschiedlichen Schauplätzen spielen. Die Räume, in denen die Figuren auftreten, können diese charakterisieren.
Es kann eine große Anzahl von Figuren, die nur locker miteinander verbunden sind, auftreten. Die Figuren unterliegen keiner ständischen oder sozialen Beschränkung (Auflösung der Ständeklausel). Entsprechend ist die Sprache stärker an der Alltagssprache orientiert.
➤ S. 38–40

Peripetie: griech. *peripeteia* ›plötzlicher Umschwung‹. Unvermittelte Umschlagen der Handlung; plötzliche Wendung. Siehe auch ➤ geschlossenes Drama.

Restauration: lat. *restaurare* ›wiederherstellen‹. Historischer Fachbegriff, der allgemein die Wiederherstellung eines politischen Zustandes bezeichnet. Als Restauration wird u. a. die historische Phase zwischen 1815 (Wiener Kongress) und 1830 (Julirevolution in Frankreich) bezeichnet. Die Staaten, insbesondere Preußen und Österreich, versuchten durch ➤ Zensur die Verbreitung freiheitlicher Ideen, wie Meinungsfreiheit, Pressefreiheit, Forderung nach politischer Beteiligung (Wahl), zu unterdrücken. Die Julirevolution 1830 gilt als Beginn des ➤ Vormärz.
➤ S. 78

Satire: Sie zielt darauf, gesellschaftliche Missstände oder ein kritisiertes Verhalten zu entlarven. Dazu wird das Kritisierte in verzerrter Weise dargestellt. Sprachliche Mittel der Satire sind Ironie, Übertreibung, Untertreibung, Komik, Parodie und Mehrdeutigkeit. Satirische Darstellungen gibt es in allen literarischen Gattungen.

➤ S. 70

Soziales Drama: Eine Form des ➤ Dramas, die sich seit dem 19. Jahrhundert entwickelte und sich mit gesellschaftlichen Missständen kritisch auseinandersetzte. Themen sind Armut, Ausbeutung, die sozialen Folgen der Industrialisierung. Im sozialen Drama treten Figuren aus unterprivilegierten Schichten auf. Siehe auch ➤ offenes Drama.

➤ S. 93

Vormärz: (auch Junges Deutschland). In der Literatur eine Bewegung von ca. 1830 bis zur bürgerlichen Revolution von 1848. Die Literatur des Vormärz ist sozial engagiert und versteht sich als politische Kraft. Büchners Aufruf »Friede den Hütten! Krieg den Palästen!« in seiner Flugschrift *Der Hessische Landbote* ist in seiner politischen Ausrichtung programmatisch für die Literatur des Vormärz. Vormärzliteratur grenzt sich vom Idealismus und der Romantik ab. Die Literaten treten für Meinungs- und Pressefreiheit ein, wehren sich gegen ➤ Zensur. Sie vertreten die politischen Ziele der Revolution von 1848 und sind selbst Teil der revolutionären Bewegung. Wie Büchner wurden viele Literaten politisch verfolgt und gingen ins Exil.

➤ S. 7, 63, 74, 78, 92

Zensur: lat. *censura* ›Strenge Überprüfung‹. Überwachung und Kontrolle von Medieninhalten (Literatur, Zeitungen, Film, Fernsehen, Internet) durch den Staat. Meinungen, die nicht der Gesinnung der Regierung entsprechen, dürfen dabei nicht publiziert werden. Insbesondere in Diktaturen wird Zensur zur Unterdrückung politisch abweichender Meinungen eingesetzt. Zensur setzt Grundrechte wie Meinungs- und Pressefreiheit außer Kraft.

➤ S. 59